Die Erfindung des Alphabets

Code, Schriftzeichen und Entwicklung

Eine Betrachtung

von

Lutz Spilker

DIE ERFINDUNG DES ALPHABETS – CODE, SCHRIFTZEICHEN UND ENTWICKLUNG

Bibliografische Information der Deutschen Nationalbibliothek:
Die Deutsche Nationalbibliothek verzeichnet diese Publikation in der Deutschen Nationalbibliografie; detaillierte bibliografische Daten sind im Internet über http://dnb.dnb.de abrufbar.

Softcover ISBN: 978-3-384-42127-2
Ebook ISBN: 978-3-384-42128-9

© 2024 by Lutz Spilker
https://www.webbstar.de
Druck und Distribution im Auftrag des Autors:
tredition GmbH, An der Strusbek 10, 22926 Ahrensburg, Germany

Inhalt

**Auch den letzten Traum zerstört das Fernsehen:
Es ist kein Vorteil mehr, Analphabet zu sein.**

Hans-Joachim Kulenkampff

Hans-Joachim Erwin ›Kuli‹ Kulenkampff (* 27. April 1921 in Bremen; † 14. August 1998
in Seeham, Österreich) war ein deutscher Schauspieler und Fernsehmoderator.

Vorwort

Die Erfindung des Alphabets markiert einen Meilenstein in der Geschichte der Menschheit. Es war eine Erfindung, die weit über das hinausging, was die Menschen sich zu der Zeit vorstellen konnten. Sie veränderte die Art und Weise, wie Informationen überliefert, Gedanken festgehalten und Wissen geteilt wurden. Mit der Schaffung von Zeichen, die für Laute und Worte stehen, eröffneten unsere Vorfahren den Weg für eine ganz neue Form der Kommunikation und den Beginn der schriftlichen Zivilisation. Die Auswirkungen dieser Erfindung sind so tiefgreifend, dass sie auch heute, Jahrtausende später, unser Leben bestimmt und prägt.

In diesem Buch mit dem Titel Die Erfindung des Alphabets lade ich Sie ein, mit mir auf eine Reise durch die Ursprünge, Entwicklungen und Transformationen des Alphabets zu gehen. Wir werden die Entstehung und Evolution des Alphabets als eine Reise betrachten – eine Reise, die vor mehr als dreitausend Jahren begann und die uns bis in die heutige Zeit begleitet. Diese Entwicklung ist nicht einfach nur eine historische Erzählung; sie ist ein Prozess, der die Grundlage für die Wissensspeicherung, für gesellschaftliche Organisation und für die kulturelle Identität von Völkern geschaffen hat.

Die Geburt der Schriftkultur

Vor der Erfindung des Alphabets kommunizierten die frühen Kulturen mithilfe von Piktogrammen und Symbolen, die für bestimmte Dinge oder Ideen standen. In den ältesten bekannten Schriftsystemen wie der Keilschrift Mesopotamiens oder den Hieroglyphen Ägyptens spiegeln sich die Denkweise und das Lebensumfeld der Menschen wider. Diese frühen Schriften waren komplex und oft auf eine kleine Gruppe von Gelehrten und Priestern beschränkt. Doch mit der Entstehung des Alphabets änderte sich das. Eine neue, relativ einfache Methode zur Verschriftlichung von Lauten ermöglichte es, dass Informationen leichter zugänglich und reproduzierbar wurden – ein Schritt hin zu einer breiteren, offenen Gesellschaft, die ihre Werte, Glaubenssätze und Weisheiten für kommende Generationen festhalten konnte.

Die Erfindung des Alphabets führte zur Geburt einer Schriftkultur, in der das geschriebene Wort als Träger von Wissen und Erinnerung auf eine ganz neue Art und Weise eingesetzt werden konnte. Es war der Beginn einer Welt, in der Geschichten, Gesetzestexte, Gedichte und philosophische Überlegungen über Jahrtausende überliefert werden konnten. Die Menschheit erhielt so die Möglichkeit, über Zeit und Raum hinweg zu kommunizieren und Wissen unabhängig von der mündlichen Überlieferung zu bewahren.

Die Dynamik der Sprache und der Schrift

Im Laufe der Jahrtausende hat sich das Alphabet als Teil der Schriftsprache ständig gewandelt. Der Mensch begann, sich in immer neuen Formen und Varianten auszudrücken. Eine besonders interessante Erkenntnis ist, dass die Entwicklung des Alphabets und die Sprache, die es formte, dynamisch blieben und bleiben. Schrift war nie eine feste, unveränderliche Größe, sondern ein lebendiges Abbild der Gesellschaft, die sie nutzte. Diese dynamische Eigenschaft der Sprache zeigt sich besonders in unserer modernen Zeit, in der der Sprachgebrauch durch Digitalisierung, soziale Medien und Globalisierung in einem permanenten Wandel steht.

So ist das Alphabet nicht nur ein Träger von festen Informationen, sondern auch ein Spiegel gesellschaftlicher Umbrüche. Es zeigt uns, wie sich die Sprache weiterentwickelt, anpasst und manchmal sogar gegen festgeschriebene Regeln und Strukturen auflehnt. Die Einführung neuer Buchstaben, wie des Großbuchstabens ›ẞ‹ im deutschen Alphabet, oder die Integration von Emojis und Abkürzungen in den digitalen Alltag sind nur einige wenige Beispiele dafür, wie Sprache lebendig und anpassungsfähig bleibt und sich stets mit den Anforderungen der Gesellschaft verändert.

Das Alphabet als Grundlage der kulturellen Identität

Über die bloße Funktion als Kommunikationsmittel hinaus hat das Alphabet in vielen Kulturen einen identitätsstiftenden Charakter. Es verankert den Klang und die Struktur einer Sprache in einem sichtbaren System und schafft ein Gefühl der Zugehörigkeit. Das phönizische Alphabet beispielsweise, das als Urform vieler moderner Schriftsysteme gilt, legte den Grundstein für die westlichen Alphabete und beeinflusste auch weit entfernte Regionen und Sprachen. Ebenso entwickelte sich in China ein eigenständiges Schriftsystem, das noch heute in Gebrauch ist und als starkes Symbol kultureller Identität fungiert.

Mit der Einführung von Alphabeten wurde es möglich, dass Gemeinschaften sich über die Sprache miteinander identifizieren und zugleich abgrenzen konnten. Ein Alphabet brachte eine Art von kulturellem Gedächtnis hervor, das es den Menschen ermöglichte, ihre Geschichten und Erfahrungen zu bewahren und als gemeinsames Erbe weiterzugeben. In diesem Sinne ist das Alphabet auch ein Mittel, das Identität stiftet und für das Selbstverständnis von Völkern entscheidend ist.

Die moderne Bedeutung des Alphabets

Heute, in einer zunehmend digitalisierten Welt, scheint die Bedeutung des Alphabets manchmal selbstverständlich. Wir leben in einer Zeit, in der das geschriebene Wort überall präsent ist – auf unseren Bildschirmen, in sozialen Medien und in nahezu allen Bereichen des Alltags. Doch gerade durch diese Allgegenwärtigkeit lohnt es sich, einen Schritt zurückzutreten und die historische Bedeutung des Alphabets neu zu betrachten. Hinter jedem geschriebenen Wort, jeder Nachricht und jeder E-Mail steht eine lange, tiefgründige Entwicklung, die bis in die Zeit zurückreicht, als Menschen erstmals begannen, Laute in Buchstaben zu kodieren und schriftlich festzuhalten.

Die Herausforderungen, vor denen das Alphabet in der modernen Zeit steht, zeigen, dass sich selbst etwas so Festes wie eine Schriftsprache den Veränderungen und Bedürfnissen der Gesellschaft anpassen muss. Die Schrift ist nicht nur ein Werkzeug des Ausdrucks, sondern auch eine Brücke, die Kulturen und Generationen verbindet. Sie ist ein Mittel, mit dem wir unsere Welt erfassen und die Erfahrungen, Erkenntnisse und Träume unserer Vorgänger weitertragen können. Das Alphabet bleibt somit nicht nur ein grundlegendes System der Sprache, sondern ein zentraler Bestandteil dessen, was es bedeutet, Mensch zu sein und in einer Gesellschaft mit Geschichte und Kultur zu leben.

Einleitung in die kommenden Kapitel

Dieses Buch ist ein Versuch, das Alphabet und seine Geschichte in all ihrer Vielfalt und Komplexität darzustellen. Kapitel für Kapitel werden wir die Ursprünge des Alphabets erforschen, seine Ausbreitung über Kontinente hinweg nachverfolgen und seine Entwicklung bis in die moderne Zeit durchleuchten. Wir werden die kulturellen, sprachlichen und technischen Einflüsse untersuchen, die das Alphabet geformt haben und es zu dem gemacht haben, was es heute ist. Vom phönizischen Alphabet über die griechischen und römischen Anpassungen bis hin zu den modernen Varianten und Sonderzeichen wie dem ›ß‹ – jede Epoche und jede Kultur hat zum Alphabet beigetragen und Spuren hinterlassen, die bis heute sichtbar sind.

Die Erfindung des Alphabets ist nicht nur ein Buch über Buchstaben und Laute. Es ist eine Erzählung über die kreativen Leistungen der Menschheit und die Fähigkeit, komplexe Ideen in ein universelles, verständliches System zu gießen. Es ist ein Buch über die Macht der Schrift und die Brücken, die sie zwischen Völkern und Zeiten schlägt.

Ich lade Sie herzlich dazu ein, in die Welt des Alphabets einzutauchen und gemeinsam mit mir die Spuren der ersten Zeichen zu verfolgen, die irgendwann die Welt veränderten. Lassen Sie uns die Reise dorthin antreten, wo das Alphabet entstand – und die Grundlagen unseres heutigen Verständnisses von Kommunikation und Kultur ergründet wurden.

Die frühen Wurzeln der Schrift

Piktogramme und Symbole

Untersuchung der ersten visuellen Ausdrucksformen, bevor ein formales Schriftsystem existierte

Schon lange bevor der Mensch über ein formales Schriftsystem verfügte, suchte er nach Wegen, seine Gedanken, Erfahrungen und Botschaften zu bewahren und weiterzugeben. Diese frühen visuellen Ausdrucksformen, oft in Form von Piktogrammen und Symbolen, waren dabei ein erster Schritt hin zur strukturierten Kommunikation. Sie halfen, Erlebnisse zu fixieren, Machtansprüche festzuhalten oder religiöse und kosmische Vorstellungen zu vermitteln. Es war eine Kunst, die weit mehr als bloßes Zeichnen oder Schmücken war – sie war die Grundlage für den Übergang von der mündlichen Überlieferung zur schriftlichen Fixierung des Wissens. Dieses Kapitel lädt dazu ein, die ersten Anzeichen dieser visuellen Ausdrucksformen zu erforschen und die Frage zu stellen, was den Menschen dazu bewog, seine Welt in Symbole zu übersetzen.

Die Wiege der bildlichen Kommunikation

Die ersten Piktogramme und Symbole entstanden in einem Zeitalter, in dem die menschliche Kultur noch eng mit der Natur und den Zyklen der Umwelt verbunden war. Jäger und Sammler, die sich in kleinen Gemeinschaften organisierten, benötigten eine Möglichkeit, ihre Umgebung zu verstehen und dieses Wissen weiterzugeben. In den Höhlen von Lascaux in Frankreich und Altamira in Spanien finden sich einige der ältesten Zeugnisse dieser Bildsprache – Darstellungen von Tieren, Jagdszenen und mysteriösen Zeichen, die Hinweise auf rituelle Praktiken und spirituelle Vorstellungen geben könnten. Die präzise und detaillierte Darstellung der Tiere, die diesen frühen Höhlenmalereien zugrunde liegt, lässt darauf schließen, dass es sich bei diesen Abbildungen nicht um zufällige Kritzeleien, sondern um bedeutungsgeladene, sorgfältig geplante Zeichen handelte.

Jedes Bild hatte möglicherweise eine konkrete Bedeutung: Ein Stier könnte für Stärke stehen, ein Pferd für Schnelligkeit oder eine bestimmte Gottheit, die das Tier als heilig ansah. Die symbolische Bedeutung dieser Bilder war für die damaligen Menschen klar, und die Übertragung dieser Bedeutung in die nächste Generation könnte durchaus als eine frühe Form der Bildung betrachtet werden – ein Weitergeben von Wissen und Werten durch visuelle Metaphern. So manifestierten sich in diesen Bildern die ersten Schritte eines kollektiven Gedächtnisses, das über bloße Sprache hinausging.

Die Macht der Symbole und die ersten kognitiven Verknüpfungen

Mit der Zeit entwickelten sich einfache, leicht verständliche Bilder zu immer komplexeren Symbolen. Ein Kreis, der möglicherweise die Sonne darstellen sollte, konnte nun auch für den Zyklus des Lebens oder für Zeit stehen. Ein horizontales Zickzack-Muster, das vielleicht Wellen oder Flüsse symbolisierte, verband sich bald mit Ideen von Übergang, Veränderung und Fluss. Es ist faszinierend zu beobachten, wie früh der Mensch in der Lage war, abstrakte Konzepte visuell auszudrücken und somit eine kognitive Brücke zwischen der realen und der symbolischen Welt zu schlagen. Diese Fähigkeit, durch einfache Zeichen tiefere Bedeutungen zu transportieren, ist der Kern jeder späteren Schriftentwicklung.

Symbole und Zeichen boten nicht nur eine Möglichkeit der Verständigung, sondern halfen auch, Gemeinschaften zu strukturieren und ein kollektives Bewusstsein zu entwickeln. Sie markierten Territorien, kennzeichneten die Zugehörigkeit zu einer bestimmten Gruppe oder zeigten auf, wer in der sozialen Hierarchie eine bestimmte Position einnahm. Zeichen und Symbole wurden zu einer Art unsichtbarem Vertrag, einem gemeinsamen, oft unausgesprochenen Verhaltenskodex, der Sicherheit und Zusammenhalt in den frühen Gemeinschaften gewährleistete.

Die Übergänge zu abstrakteren Zeichen

Während die ersten Bilder noch stark an die Realität gebunden waren und oft Tiere, Menschen oder Naturkräfte darstellten, begann der Mensch nach und nach, sich von der bildlichen Treue zu lösen. In dieser Zeit entstanden erste abstrakte Muster, die nur noch wenig mit dem natürlichen Vorbild zu tun hatten, aber dennoch eine deutliche und festgelegte Bedeutung trugen. Diese Abstraktion war ein entscheidender Schritt auf dem Weg zum Alphabet. Man könnte sagen, dass in dem Moment, als ein Symbol nicht mehr wie sein Urbild aussehen musste, die Vorstellungskraft des Menschen das erste Mal unabhängig von der konkreten Realität wirkte. Es war der Beginn einer neuen Phase, in der Symbole für Konzepte, Ideen und sogar Klänge standen, die man nicht unmittelbar sehen oder hören konnte.

In verschiedenen Regionen entwickelten sich gleichzeitig und unabhängig voneinander unterschiedliche Arten von Symbolsystemen. Im antiken Mesopotamien und Ägypten, aber auch in den frühen Kulturen Chinas und Mittelamerikas, existierten eigenständige und doch miteinander vergleichbare Wege, Bedeutungen durch visuelle Zeichen zu transportieren. Jede Kultur schuf aus ihrer eigenen Weltanschauung und Umwelt ein spezifisches Repertoire an Symbolen. Während die Mesopotamier mit Keilschrift arbeiteten und die Ägypter ihre religiösen und politischen Botschaften in Hieroglyphen verewigten, entwickelten die chinesischen Kulturen ein System von Piktogrammen, das in seiner Grundstruktur bis heute erhalten ist.

Von bildlicher Repräsentation zur Phonetik

Die meisten frühen Schriftsysteme waren zunächst rein bildhafte Repräsentationen, doch bald entwickelten sie eine phonemische Dimension. Zeichen begannen, nicht nur für das Objekt zu stehen, das sie darstellten, sondern auch für den Laut, mit dem das Objekt bezeichnet wurde. Diese phonemische Verschiebung markierte einen entscheidenden Schritt hin zum Alphabet. Ein frühes Beispiel hierfür lässt sich in der sogenannten Rebus-Schrift finden, bei der ein Symbol aufgrund seines Klangs und nicht aufgrund seiner Bedeutung verwendet wird. So könnte etwa ein Bild von einem Bogen (ein Objekt, das man erkennt) als Symbol für einen bestimmten Laut verwendet werden, der Teil eines anderen Wortes ist. Diese Technik erlaubte es, abstraktere Konzepte zu notieren und machte das Schreiben flexibler und universeller einsetzbar.

Die Phonemik gab den Symbolen ein zusätzliches Potential, den Zugang zu einer größeren Bandbreite an Ideen und Emotionen. Die Schrift entwickelte sich so zu einem Werkzeug, das nicht mehr nur den unmittelbaren Ausdruck des Sichtbaren ermöglichte, sondern auch das Unsichtbare – Gefühle, Gedanken und Konzepte – fassbar machte.

Die Grundlagen für das Alphabet

Die Untersuchung der frühen visuellen Ausdrucksformen zeigt, dass das Bedürfnis des Menschen, seine Umwelt zu verstehen und mit anderen zu teilen, in allen Kulturen und Epochen präsent war. Diese frühen Symbole und Piktogramme waren nicht nur erste Schritte auf dem Weg zur Schrift, sondern auch die Grundlage für die Art und Weise, wie der Mensch Sinn und Bedeutung im Leben suchte. Das Alphabet, wie wir es heute kennen, ist letztlich das Resultat einer langen Reise, die mit den ersten Zeichnungen begann und sich über Jahrtausende zu einem System entwickelte, das die Vielfalt menschlicher Sprache und Gedanken in einer Form festhalten kann.

Piktogramme und Symbole waren damit nicht nur der Anfang der Schriftsysteme, sondern auch eine Manifestation des menschlichen Geistes, der sich selbst und seine Welt begreifen und festhalten wollte. Sie erinnern uns daran, dass die Wurzeln der Schrift weit zurückreichen, in eine Zeit, in der jedes Zeichen eine Geschichte erzählte und jedes Symbol Teil einer größeren Bedeutung war.

Die Erfindung der Keilschrift in Mesopotamien

Einführung in die älteste bekannte Schriftform und ihre Nutzung als Verwaltungssystem

Zu den ersten großen Zivilisationen, die die menschliche Geschichte prägten, zählt Mesopotamien – das Land zwischen den Flüssen Euphrat und Tigris. Hier, in der fruchtbaren Ebene, die als ›Wiege der Zivilisation‹ gilt, entwickelte sich nicht nur eine hoch organisierte Gesellschaft, sondern auch die erste bekannte Form der Schrift: die Keilschrift. Diese Schrift war das Herzstück der mesopotamischen Verwaltung und ein entscheidendes Werkzeug zur Strukturierung und Verwaltung des Lebens in dieser frühen Gesellschaft.

Von den bescheidenen Anfängen einfacher Bildsymbole bis hin zur komplexen, abstrakten Keilschrift zeigt sich eine eindrucksvolle Entwicklung, die eng mit den Bedürfnissen der Verwaltung und Organisation verbunden ist. Die Keilschrift wurde zur Sprache der Bürokratie und der Dokumentation – eine Pionierleistung, die die Geschichte der menschlichen Kommunikation für immer veränderte.

Die ersten Schritte:

Vom Bild zum Zeichen

Im vierten Jahrtausend v. Chr., als sich in Mesopotamien erste städtische Gesellschaften entwickelten, stand die Organisation der Ressourcen im Mittelpunkt des Lebens. Städte wie Uruk wuchsen rasch, und mit dem Wachstum der Bevölkerung stieg auch die Notwendigkeit, Güter und Arbeitskraft zu verwalten. Die Landwirtschaft und der Handel, die Lebensadern dieser aufstrebenden Zivilisation, erforderten es, Informationen über Lagerbestände, Erträge und Handelsgüter zuverlässig zu bewahren. Da mündliche Überlieferungen für die neuen Aufgabenbereiche nicht mehr ausreichten, wurde ein System benötigt, das das Speichern und Übermitteln von Informationen dauerhaft und präzise ermöglichte.

In dieser Phase begannen die Menschen, Symbole auf Ton zu ritzen, um Mengen und Produkte darzustellen – eine Entwicklung, die zur Geburt der Schrift führte. Zunächst handelte es sich um einfache Bilder, die Gegenstände wie Tiere oder landwirtschaftliche Erzeugnisse darstellten. Ein Schaf konnte symbolisch für die Tiere eines Hirten stehen, ein Kreis für einen Sack Getreide. Solche frühen Bildsymbole, auch als Piktogramme bekannt, dienten der Darstellung konkreter Gegenstände. Doch bald wuchs die Komplexität der Symbole, und die Piktogramme wurden abstrakter und wandelten sich in ein systematisches Zeichensystem: die Keilschrift.

Die Form und das Werkzeug:

Vom Schilfrohr zur Keilspur

Die Keilschrift erhielt ihren Namen von der charakteristischen Form ihrer Zeichen. Die sumerischen Schreiber drückten die Spitze eines zugespitzten Schilfrohrs, dem sogenannten Stylus, in feuchte Tontafeln. Dadurch entstand ein Keilabdruck, dessen charakteristische Form die Schrift prägte. Jede Linie wurde durch mehrere solcher Keilformen zusammengesetzt, wobei die Leserichtung und die Anordnung der Keile die Bedeutung der Zeichen beeinflussten. Mit dieser Methode ließen sich Informationen in eine festgelegte Form bringen, die klar und eindeutig zu verstehen war.

Die Wahl des Werkzeugs war nicht zufällig. Schilfrohr war in der Region Mesopotamien weit verbreitet, leicht zu beschaffen und verhältnismäßig einfach zu handhaben. Das Einritzen in Ton hatte den Vorteil, dass es wenig Aufwand erforderte, aber zugleich eine dauerhafte Spur hinterließ, die, einmal getrocknet, jahrelang erhalten blieb. Diese beständigen Tonplatten wurden zu Archiven, in denen Generationen später noch nachverfolgen konnten, wie viele Schafe in einem bestimmten Jahr gehütet wurden oder wie viele Getreidesäcke in der Erntezeit in den Speichern lagen.

Keilschrift als Verwaltungssystem

Im Laufe der Zeit entwickelte sich die Keilschrift zu einem unentbehrlichen Werkzeug der Verwaltung. Die sumerischen

Schreiber, die als Hüter dieses neuen Systems fungierten, waren die ersten Beamten der Geschichte, deren Aufgabe es war, Listen, Bestandsaufnahmen und Buchführungen zu führen. Diese Rolle machte die Schreiber zu einflussreichen Akteuren in den städtischen Zentren Mesopotamiens. In den Archiven der Tempel und Paläste wurden detaillierte Aufzeichnungen über Einkünfte, Steuern und Abgaben geführt, die sich bis heute erhalten haben und ein beeindruckendes Bild der damaligen Verwaltungsstruktur zeichnen.

Die Notwendigkeit, die Verteilung von Gütern zu dokumentieren und zu überwachen, führte dazu, dass die Keilschrift ihre ursprüngliche Form von Piktogrammen bald überstieg und sich zu einem vollwertigen Schriftsystem entwickelte. Einzelne Symbole, die zunächst nur für ein bestimmtes Objekt standen, begannen, phonetische Werte zu repräsentieren. So wurde die Schrift flexibler und konnte nicht nur Mengen und Objekte darstellen, sondern auch Namen und abstrakte Begriffe notieren. Dies ermöglichte eine noch detailliertere und präzisere Verwaltung und erlaubte es, Verträge, Urkunden und Gesetze festzuhalten – der Übergang zu einer schriftlich fixierten Bürokratie war vollzogen.

Die Rolle der Keilschrift in der Stadt Uruk

Besonders eindrucksvoll lässt sich die Entwicklung der Keilschrift in der Stadt Uruk nachvollziehen, einem der wichtigsten Zentren mesopotamischer Kultur. Hier fanden Archäologen Tausende von Tontafeln, die Zeugnis davon ablegen, wie die Schrift zu einem integralen Bestandteil des städtischen Lebens wurde. Die Schriften von Uruk offenbaren, dass sich die Keilschrift nicht nur auf ökonomische Aspekte beschränkte. Die Menschen begannen, auch religiöse und rechtliche Dokumente festzuhalten und selbst literarische Texte zu verfassen. Der wohl berühmteste literarische Text Mesopotamiens, das Gilgamesch-Epos, ist in Keilschrift überliefert und stellt ein eindrucksvolles Beispiel dafür dar, wie das Schriftsystem zu einem Medium für die Überlieferung kultureller und spiritueller Inhalte wurde.

In Uruk spiegelte die Keilschrift die gesellschaftlichen Schichten und Funktionen wider. Die Tontafeln waren nicht nur ein Werkzeug für die Reichen und Mächtigen, sondern auch ein Instrument zur Sicherstellung der Ordnung und Stabilität. Durch die klare Aufzeichnung von Besitz, Schulden und Verpflichtungen wurde die Keilschrift zu einem Machtinstrument, das den Herrschenden Kontrolle und Einfluss verlieh.

Keilschrift als Meilenstein in der Menschheitsgeschichte

Die Entwicklung der Keilschrift in Mesopotamien markiert einen Wendepunkt in der Geschichte der Menschheit. Sie steht symbolisch für den Übergang von der chaotischen, mündlich geprägten Gesellschaft zur strukturierten und organisierten Kultur. Der Schrift verdankte die Zivilisation in Mesopotamien nicht nur die Möglichkeit zur Verwaltung von Waren und Land, sondern auch den Anstoß zu einer kulturellen Blütezeit, die weit über die Bedürfnisse der Bürokratie hinausging. In einer Welt, in der das Gedächtnis nun nicht mehr auf die Fragilität des menschlichen Erinnerns angewiesen war, sondern auf die Festigkeit des Tontabletts, erhob sich die Keilschrift zu einer neuen Art des Wissensspeichers.

Doch die Bedeutung der Keilschrift reichte noch weiter. Indem sie ein strukturiertes System zur Übermittlung und Speicherung von Informationen schuf, bereitete sie den Weg für alle späteren Schriftformen. Die Abstraktion, die Notwendigkeit zur Regelmäßigkeit und die Bedeutung der Vereinheitlichung wurden hier zum ersten Mal voll umgesetzt und schufen eine Blaupause für die spätere Entwicklung der Alphabete, die nicht nur Mesopotamien, sondern die gesamte Welt beeinflussen sollten. Die Keilschrift in Mesopotamien zeigt uns, wie tiefgreifend die Erfindung der Schrift war – ein Instrument, das nicht nur das Leben dokumentiert, sondern das Leben selbst formt und prägt.

Hieroglyphen und die Schriftkultur des Alten Ägypten

Entwicklung und Bedeutung der Hieroglyphenschrift für Religion und Gesellschaft in Ägypten

In den weiten, kargen Landschaften des alten Ägyptens entwickelte sich eine Schriftform, die nicht nur ein Kommunikationsmittel war, sondern auch ein Medium der spirituellen und kulturellen Selbstdarstellung: die Hieroglyphenschrift. Diese komplexe Bilderschrift begann etwa 3100 v. Chr. und sollte über die Jahrtausende hinweg zum Symbol des pharaonischen Ägypten und seiner ausgeprägten religiösen Weltanschauung werden. Die Hieroglyphen spiegelten in ihrer Symbolkraft und ästhetischen Qualität den spirituellen Kosmos des alten Ägypten wider und waren tief in das gesellschaftliche und religiöse Leben eingebettet. Anders als die pragmatische Keilschrift Mesopotamiens war die ägyptische Hieroglyphenschrift weit mehr als ein Verwaltungstool – sie war ein integraler Bestandteil des Denkens und Glaubens der alten Ägypter.

Die Entstehung und Entwicklung der Hieroglyphen

Die Ursprünge der Hieroglyphenschrift sind eng mit der Entstehung des ägyptischen Staates und den ersten Königtümern verbunden. Die ältesten Zeugnisse dieser Schrift, die auf Tontafeln und Grabinschriften zu finden sind, stammen aus der

Zeit der frühen Dynastien und belegen, dass sich die ägyptische Schrift bereits in ihren Anfängen durch eine hohe Bildhaftigkeit und symbolische Aussagekraft auszeichnete. Die Hieroglyphen bestanden aus einer Vielzahl an Symbolen, die nicht nur materielle Objekte und Lebewesen abbildeten, sondern auch abstrakte Konzepte und metaphysische Ideen ausdrückten. Ein Vogel symbolisierte oft die Seele, das Auge konnte Schutz und göttliche Kraft darstellen, und die Darstellungen von Pflanzen und Tieren vermittelten zahlreiche Nuancen von Bedeutungen.

Die Hieroglyphenschrift blieb über die Jahrhunderte stabil und behielt ihre charakteristische Bildhaftigkeit bei, was auf den konservativen und stark ritualisierten Charakter der ägyptischen Kultur zurückzuführen ist. Die hohe Bildhaftigkeit der Hieroglyphen bedeutete aber auch, dass ihre Deutung und Lesbarkeit stets an die kulturellen Konventionen und den Glauben der ägyptischen Gesellschaft gebunden blieb. Hieroglyphen waren für den Alltag oder die praktische Verwaltung weniger geeignet; dafür existierten vereinfachte Formen wie die Hieratische und später die Demotische Schrift, die für den schnellen Gebrauch in der Verwaltung und im Handel verwendet wurden.

Die Rolle der Hieroglyphen im religiösen Leben

Für die Ägypter waren Hieroglyphen nicht einfach nur Symbole oder Buchstaben. Vielmehr wurde ihnen eine spirituelle Dimension zugeschrieben, die ihnen eine Art magischer Kraft verlieh. Der Glaube, dass das Wort und die Darstellung göttliche Macht verkörpern, war tief in der religiösen Weltanschauung verankert. In den Gräbern, Tempeln und auf Monumenten finden sich unzählige Hieroglypheninschriften, die für die Ewigkeit geschaffen wurden und die Reise der Verstorbenen ins Jenseits begleiten sollten. Die Schrift wurde so zu einem Bindeglied zwischen dem Diesseits und dem Jenseits, und ihre Zeichen galten als lebendige Entitäten, die den Toten und den Göttern selbst Macht verleihen konnten.

In den Pyramidentexten, die zu den ältesten religiösen Schriften der Welt gehören, zeigen die Hieroglyphen ihren vollen symbolischen und kultischen Gehalt. Diese Texte, die in den Grabkammern der Pharaonen der 5. und 6. Dynastie auf den Wänden der Pyramiden angebracht wurden, waren nicht nur Beschreibungen religiöser Rituale, sondern sollten die Sicherheit und Unsterblichkeit des verstorbenen Königs garantieren. Jede Hieroglyphe, jedes Wort und jeder Satz war darauf ausgerichtet, den Toten zu schützen, ihm den Weg in die Unterwelt zu weisen und ihn vor den Gefahren der Jenseitsreise zu bewahren. Diese Texte sind nicht als literarische Werke im modernen Sinn zu verstehen, sondern als magische Formeln, die durch ihre bloße Existenz eine göttliche Funktion erfüllen.

Auch die berühmten Totentexte und das Totenbuch, das ab der 18. Dynastie in Gebrauch kam, enthalten zahlreiche Hieroglypheninschriften, die den Verstorbenen als Begleiter in die jenseitige Welt dienten. Die Hieroglyphenschrift war hier nicht nur ein Mittel zur Kommunikation, sondern ein religiöses Ritual in sich. Die Ägypter glaubten, dass das sorgfältige Aufschreiben und die genaue Darstellung der Zeichen Einfluss auf die spirituelle Welt hatte. So konnte beispielsweise das Aufschreiben des Namens eines Gottes oder eines Verstorbenen als eine Form der Anrufung oder Verehrung gelten, die dessen Präsenz verstärkte und dessen Macht im Jenseits aktivierte.

Hieroglyphen als gesellschaftliche Identität und Machtinstrument

Neben ihrer religiösen Funktion hatten die Hieroglyphen auch eine bedeutende soziale Rolle in der ägyptischen Gesellschaft. Die Fähigkeit, Hieroglyphen zu lesen und zu schreiben, war auf eine kleine Elite beschränkt, die sich aus Priestern, Schreiberbeamten und der Aristokratie zusammensetzte. Das Schreiberhandwerk war hoch angesehen und wurde als direkte Verbindung zur göttlichen Weisheit und zur kulturellen Tradition betrachtet. Die Schreiber genossen in der ägyptischen Gesellschaft hohes Ansehen, und ihre Position war von Macht und Einfluss geprägt. Die Kontrolle über die Schrift bedeutete auch die Kontrolle über die religiösen und gesellschaftlichen Strukturen, und die Hieroglyphen wurden somit zu einem Instrument, um Wissen, Autorität und Tradition innerhalb der Elite zu sichern.

Durch die Hieroglyphen erhielten die ägyptischen Monumente und Bauwerke ihre besondere Aura. Die Inschriften, die die Wände der Tempel und Gräber schmückten, dienten nicht nur der Dekoration, sondern waren Ausdruck der ewigen Macht der Pharaonen und der unvergänglichen Präsenz der Götter. Jeder Pharao, der seine Taten und seinen Namen in Hieroglyphen in Stein meißeln ließ, sicherte sich eine Art Unsterblichkeit in der Erinnerung des Volkes und im Jenseits. Die Hieroglyphen machten es möglich, dass die Erinnerung an den Herrscher und seine göttliche Abstammung über Jahrhunderte bewahrt blieb und durch die Monumente fortwährende Macht demonstrierte. In einer Gesellschaft, in der die Beziehung zwischen Lebenden und Verstorbenen eine zentrale Rolle spielte, wurden die Hieroglyphen zu einer Brücke, die Vergangenheit, Gegenwart und Zukunft miteinander verband.

Hieroglyphen als kulturelles Erbe und ästhetischer Ausdruck
Die ägyptischen Hieroglyphen unterscheiden sich durch ihre künstlerische Form von anderen frühen Schriftsystemen. Sie wurden nicht nur als Informationsübertragungssystem verwendet, sondern auch als ästhetische Ausdrucksform. Hieroglypheninschriften sind oft kunstvoll und detailliert gestaltet, sie schmücken die Wände der Tempel und Gräber und werden mit kunstvollen Farben und Goldverzierungen hervorgehoben. Diese visuelle Pracht verlieh den Hieroglyphen eine zusätzliche Dimension, die über die reine Funktion der Schrift hinausging und die kulturelle und religiöse Identität der Ägypter sichtbar machte.

Die ägyptischen Künstler und Schreiber arbeiteten dabei eng zusammen, um die Hieroglyphen so darzustellen, dass sie sowohl in ihrer symbolischen Bedeutung als auch in ihrer ästhetischen Wirkung zur Geltung kamen. Die Schönheit und Komplexität der Hieroglyphen hatten einen tiefen Einfluss auf die ägyptische Kunst und machten sie zu einem integralen Bestandteil der kulturellen Identität. Die ästhetische Gestaltung der Schrift verdeutlichte den ägyptischen Glauben, dass das Göttliche und das Schöne miteinander verbunden sind, und dass die Schrift nicht nur funktional, sondern auch Ausdruck des Göttlichen sein sollte.

Das Erbe der Hieroglyphen

Mit der Einführung des Christentums und dem allmählichen Niedergang der ägyptischen Religion verlor die Hieroglyphenschrift ihre Bedeutung. Die letzten bekannten hieroglyphischen Inschriften stammen aus dem 4. Jahrhundert n. Chr., und bald danach geriet die Bedeutung dieser Schrift in Vergessenheit. Erst mit der Entschlüsselung durch Jean-François Champollion im Jahr 1822 konnte das Wissen über die Hieroglyphen wiederhergestellt und das kulturelle Erbe des Alten Ägyptens neu belebt werden.

Die Hieroglyphenschrift bleibt ein beeindruckendes Zeugnis der ägyptischen Kultur und ihres Glaubenssystems. Sie war nicht nur eine Schrift, sondern ein Fenster in die religiöse und kulturelle Welt eines Volkes, das seine Identität und seine spirituelle Weltsicht in bildhaften Zeichen und Symbolen verewigte. Die Hieroglyphen waren eine einzigartige Ausdrucksform, die sowohl die Ästhetik als auch die Tiefe des ägyptischen Geistes repräsentierten und die bis heute die Faszination für diese antike Hochkultur prägen.

Die Schriften des alten China

Zeichen für Ideen

Darstellung der chinesischen Schriftentwicklung und ihre Besonderheiten als ideographisches System

Die Schrift des alten China entwickelte sich unabhängig von den Schriftsystemen Mesopotamiens und Ägyptens und folgte einem einzigartigen Ansatz, der bis heute Bestand hat. Während die Keilschrift und Hieroglyphen sich von bildlichen Darstellungen hin zu Symbolen entwickelten, die Lautwerte repräsentierten, beschritt die chinesische Schrift den Weg der Idee. Die chinesische Schriftsprache sollte letztlich keine Phonetik abbilden, sondern Ideen, Konzepte und Bedeutungen direkt darstellen. Ein Zeichen bedeutete eine bestimmte Vorstellung und setzte dabei nicht voraus, dass es an einen Laut gebunden sein muss. Dies war eine grundlegende Besonderheit des chinesischen Schriftprinzips und hatte tiefgreifende Auswirkungen auf die Entwicklung der chinesischen Kultur und Identität.

Der Ursprung der chinesischen Schriftzeichen

Die frühesten Spuren der chinesischen Schrift lassen sich in die Shang-Dynastie (ca. 1600–1046 v. Chr.) zurückverfolgen, wo sie als Orakelknocheninschriften auf Knochen und Schildkrötenpanzern auftauchen. Diese Inschriften wurden in rituellen Praktiken verwendet, um das Orakel zu befragen, und belegen nicht nur die Anfänge einer Schriftkultur, sondern auch das spirituelle und gesellschaftliche Denken jener Zeit. Die Orakelknocheninschriften dienten als Mittel, die göttlichen Kräfte um Rat zu fragen, und wurden durch speziell ausgebildete Wahrsager entziffert. Die darin enthaltenen Zeichen waren teils Darstellungen realer Objekte und teils abstrakte Symbole, die als Piktogramme und Ideogramme fungierten. Die Zeichen für Sonne, Mond, Berg oder Wasser gehörten zu den frühesten Darstellungen und bildeten die Grundlage für ein System, das in seiner Entwicklung aus unzähligen einzelnen Zeichen bestehen würde.

Mit der Zeit entwickelten sich diese Zeichen zu einer komplexen, aber äußerst präzisen Schrift, die keine lautliche Bedeutung transportierte, sondern die Idee oder das Konzept des Dargestellten direkt vermittelte. In der späten Shang-Zeit und besonders in der nachfolgenden Zhou-Dynastie nahm die chinesische Schrift eine feste Form an, die ihren ideographischen Charakter betonte und die Basis für das gesamte kulturelle Verständnis schuf, welches über Jahrtausende hinweg bestehen sollte.

Das ideographische Prinzip – Zeichen für Konzepte

Im Gegensatz zu alphabetischen Systemen, in denen einzelne Buchstaben spezifische Laute abbilden, besteht die chinesische Schrift aus logographischen Zeichen, die eine Idee oder Bedeutung ausdrücken, ohne notwendigerweise eine Lautäquivalenz zu besitzen. Dies bedeutet, dass jedes Zeichen für sich eine eigenständige Bedeutung trägt und häufig eine ganze Wortidee repräsentiert. Durch die Jahrtausende wurden diese Zeichen verfeinert und erweitert, bis ein System entstand, in dem heute zehntausende Zeichen existieren. Die chinesische Schrift hat dadurch eine bemerkenswerte Vielschichtigkeit und Ausdruckskraft erreicht, die sie von anderen Schriftsystemen abhebt.

Viele Zeichen entstanden durch Piktogramme, also bildhafte Darstellungen, die im Laufe der Zeit zunehmend stilisiert und vereinfacht wurden. Ein einfaches Beispiel ist das Zeichen für ›Baum‹ (木), das ursprünglich wie eine stilisierte Zeichnung eines Baumes aussah. Auch abstrakte Konzepte wie ›Wald‹ (林) oder ›Dschungel‹ (森) wurden durch die Kombination von Baum-Zeichen geschaffen, was den ideographischen Ansatz verdeutlicht, bei dem Konzepte durch die Verknüpfung ähnlicher Ideen gebildet werden. Andere Zeichen entwickelten sich aus der Kombination einfacher Zeichen zu komplexeren Begriffen. So steht das Zeichen 安 (an) für ›Frieden‹ und besteht aus den Symbolen für ›Haus‹ (宀) und ›Frau‹ (女), was im alten chinesischen Denken die Vorstellung eines friedlichen Zuhauses vermittelte.

Ein weiteres faszinierendes Merkmal des chinesischen Schriftsystems ist die Verwendung von Radikalen, die in jedem Zeichen vorkommen und Hinweise auf die allgemeine Bedeutung oder die Kategorie des Wortes geben. Zum Beispiel deutet der ›Wasser-Radikal‹ (氵) an, dass das Zeichen etwas mit Wasser zu tun haben könnte, wie bei den Zeichen für ›Fluss‹ (河)

oder ›Meer‹ (海). Radikale erleichtern das Erlernen und Einprä-
gen der Zeichen und bieten zugleich Einblicke in das ursprüngliche Denken hinter der Zeichenbildung.

Die Bedeutung der Schrift für die chinesische Kultur und Philosophie

Die chinesische Schrift diente jedoch nicht nur der Kommunikation, sondern war Ausdruck und Mittel eines tiefen kulturellen und philosophischen Weltbildes. Da jedes Zeichen für
ein eigenes Konzept stand, förderte dies eine Denkweise, die
sich auf das Verständnis von Bedeutung und Ideen kon-
zentrierte. Diese sprachliche Besonderheit spiegelte sich auch
in der chinesischen Philosophie wider, in der das Verständnis
von Harmonie und Balance zentrale Themen waren. Die
Schrift half dabei, diese Werte zu vermitteln und für die Nachwelt festzuhalten. Konfuzius, einer der einflussreichsten Den-
ker Chinas, nutzte die Schrift, um seine Vorstellungen von
Ethik und Gesellschaftsordnung zu verbreiten. Seine Texte
legten den Grundstein für das konfuzianische Gedankengut,
das über Jahrtausende die chinesische Kultur prägen sollte. Die
sorgfältige Wahl und die Bedeutung der Schriftzeichen beton-
ten dabei stets die Würde und Bedeutung des geschriebenen
Wortes.

Die Bedeutung der Schrift in der chinesischen Kultur zeigte
sich auch darin, dass der Stand des Schreibers in der Gesellschaft hoch angesehen war. Schreiber und Gelehrte genossen
besonderes Ansehen und hatten Zugang zu den höchsten Rän-

gen im Staatswesen, da die Kenntnis der Zeichen als Zeichen großer Bildung und kultureller Tiefe galt. In der Kaiserzeit war das Beherrschen der chinesischen Schrift sogar Voraussetzung, um eine Beamtenlaufbahn einschlagen zu können. Die Schriftkenntnis wurde so zu einem Mittel gesellschaftlicher Mobilität und diente der chinesischen Elite als Instrument zur Bewahrung ihrer kulturellen Werte und Traditionen.

Die zeitlose Struktur der chinesischen Zeichen

Die Struktur der chinesischen Schrift hat über Jahrtausende hinweg eine beständige Form bewahrt, was nicht nur an der ideographischen Natur liegt, sondern auch an der tiefen Verwurzelung der Schrift in der chinesischen Gesellschaft. Im Gegensatz zu alphabetischen Schriftsystemen, die sich über die Jahrhunderte stark veränderten, blieb die chinesische Schrift durch eine strenge konservative Haltung der Eliten relativ stabil. So gibt es noch heute Zeichen, die seit der Shang- und Zhou-Dynastie bestehen und auch heute noch verstanden werden können. Diese Konstanz ermöglichte es der chinesischen Kultur, ihre historischen und literarischen Werke über Jahrtausende hinweg unverändert zu bewahren und so ein kulturelles Gedächtnis zu schaffen, das eine außergewöhnliche Kontinuität gewährleistet.

Durch ihre Stabilität und Konstanz stellt die chinesische Schrift eine Form kulturellen Gedächtnisses dar, das ununterbrochen über viele Generationen hinweg tradiert wurde. Sie ist ein lebendiges Relikt der antiken Welt, das in der modernen Zeit weiterlebt und den Chinesen ein Gefühl der kulturellen

Identität und Zusammengehörigkeit gibt. Die Zeichen der chinesischen Schrift sind nicht nur Symbole von Ideen und Konzepten, sondern auch von Identität und Beständigkeit.

Das Vermächtnis der chinesischen Schrift

In der modernen Zeit hat die chinesische Schrift mehrere Wandlungen durchlaufen, um mit den Anforderungen der Gesellschaft Schritt zu halten, so zum Beispiel durch die Vereinfachung von Zeichen in der Volksrepublik China, um das Lesen und Schreiben für die breite Bevölkerung zugänglicher zu machen. Doch trotz dieser Anpassungen hat die chinesische Schrift ihren Grundcharakter und ihre ideographische Basis bewahrt und dient bis heute als Brücke zwischen Vergangenheit und Gegenwart.

Die chinesische Schrift zeigt uns, wie ein Schriftsystem, das auf Ideen und Konzepten basiert, eine tiefe kulturelle und spirituelle Dimension erreicht und eine Gesellschaft über Jahrtausende prägen kann. Die ideographische Natur der Schrift trug dazu bei, dass die chinesische Kultur eine enge Verbindung zu ihrer Geschichte und Philosophie beibehielt und sich eine der ältesten kontinuierlich existierenden Kulturen der Welt bewahren konnte.

Das phönizische Alphabet

Ursprung der Alphabetschrift

Das phönizische Alphabet als erstes konsonantisches Schriftsystem und seine Funktion im Handel

Das phönizische Alphabet markiert einen Wendepunkt in der Geschichte der Schrift und brachte eine Vereinfachung und Flexibilität in die schriftliche Kommunikation, die sich grundlegend von den älteren Schriftsystemen unterschied. Während die altägyptischen Hieroglyphen und die mesopotamische Keilschrift auf komplexen Symbolsystemen basierten und oft einen hohen Grad an Bildung erforderten, schufen die Phönizier eine Schriftform, die auf den rein praktischen Bedürfnissen ihres Volkes beruhte. Als erste konsonantische Alphabetschrift ermöglichte das phönizische Alphabet eine präzise, einfache und schnelle Notation von Sprache, die sich besonders für den Handel eignete, den die Phönizier mit unzähligen Kulturen im gesamten Mittelmeerraum betrieben.

Die Entstehung eines konsonantischen Schriftsystems

Im zweiten Jahrtausend v. Chr., als das phönizische Volk entlang der Levanteküste florierte, entwickelte sich ein Bedürfnis nach einem einfacheren Schriftsystem. Die Phönizier, ein Seefahrervolk, das heute vor allem mit den Regionen des heutigen Libanon und Teilen von Syrien und Israel in Verbindung gebracht wird, waren erfahrene Händler, die einen weiten Handelsradius besaßen und regelmäßig mit den Kulturen Mesopotamiens, Ägyptens und später auch Griechenlands in Kontakt standen. Die Handelswelt verlangte nach einer Schrift, die leicht zu erlernen und anzuwenden war und die nicht nur für die hochgebildeten Priester oder Beamten zugänglich war, sondern für jedermann. Ein solches System würde den schnellen Informationsaustausch und die Aufzeichnung von Handelsgeschäften vereinfachen.

Das Ergebnis dieser Bedürfnisse war die Erfindung eines Schriftsystems, das sich auf eine begrenzte Anzahl von Zeichen stützte. Statt unzählige Piktogramme und Ideogramme für Begriffe und Ideen zu verwenden, wie es in Ägypten oder Mesopotamien der Fall war, entschied man sich in Phönizien für eine Schrift, die nur die Konsonanten der gesprochenen Sprache darstellte. Der Grund für den Verzicht auf Vokale mag aus der Tatsache erwachsen sein, dass sich im phönizischen und semitischen Sprachgebrauch die Vokale oft je nach Kontext erschließen ließen. Ein Alphabet mit nur Konsonanten war nicht nur effizienter, sondern benötigte auch wesentlich weniger Zeichen als die großen Symbolinventare der älteren Schriftsysteme.

Diese Entwicklung führte zu einem Alphabet, das aus 22 Zeichen bestand, jedes Symbol repräsentierte einen spezifischen Konsonantenlaut. Diese Reduktion brachte eine pragmatische Einfachheit in die Schriftsprache, die gerade für Händler und Schreiber, die rasch und präzise arbeiten mussten, ideal war.

Die Phönizier schufen damit das erste echte Alphabet der Weltgeschichte und legten den Grundstein für alle späteren Alphabetschriften.

Schrift im Dienst des Handels

Für die Phönizier war das Alphabet mehr als nur ein Werkzeug zur kulturellen Überlieferung oder religiösen Dokumentation – es diente in erster Linie dem praktischen Zweck des Handels. In einer Zeit, in der internationale Handelsnetzwerke zunehmend komplexer wurden und Güter wie Zedernholz, Purpurstoffe, Glas und Metalle zwischen den Häfen des Mittelmeers ausgetauscht wurden, war eine effiziente schriftliche Kommunikation entscheidend. Auf Schiffen und Marktplätzen, in Hafenbüros und Handelsstädten konnte das neue Alphabet schnell für Bestandsaufnahmen, Preislisten und Kaufverträge genutzt werden. Durch die einfache Handhabung der Schrift wurde es für Händler und ihre Gehilfen unkompliziert, Preisabsprachen zu treffen und Lieferungen zu dokumentieren, ohne auf die Priester- oder Schreiberklasse angewiesen zu sein, die in anderen Kulturen dominierte.

Die Effizienz des phönizischen Alphabets lag nicht nur in seiner Reduzierung der Zeichen, sondern auch in der Möglichkeit, es auf verschiedensten Materialien zu verwenden. Auf Wachstafeln, Tonscherben oder Papyrus, überall konnte das phönizische Alphabet geschrieben werden. Selbst auf Münzen oder Keramiken tauchten die Zeichen auf, was den praktischen und weitreichenden Nutzen dieser Schriftform demonstrierte. Besonders auf Schiffen, wo der Raum begrenzt und das Bedürfnis nach schneller Kommunikation groß war, erwies sich die konsonantische Schrift als unschätzbarer Vorteil.

Die Schrift verbreitete sich jedoch nicht nur innerhalb Phöniziens; sie wanderte auf den Handelsrouten über das Mittelmeer, gelangte nach Zypern, in die Ägäis und schließlich ins griechische Festland. Überall dort, wo die phönizischen Händler mit ihren Waren ankamen, brachten sie auch ihr Schriftsystem mit und beeinflussten die lokalen Kulturen. Diese Verbreitung war einer der Hauptfaktoren für die spätere Übernahme und Anpassung des phönizischen Alphabets durch die Griechen, die Vokale ergänzten und damit das erste vollständige Alphabet entwickelten.

Die kulturelle Bedeutung des phönizischen Alphabets

Obwohl die Schaffung des phönizischen Alphabets in erster Linie von wirtschaftlichen Notwendigkeiten angetrieben wurde, hatte sie weitreichende kulturelle Folgen. Die Einführung einer konsonantischen Schrift formte die Gesellschaft der Phönizier und stellte Wissen und Aufzeichnungen erstmals einer breiteren Bevölkerungsschicht zur Verfügung. Der Wegfall komplexer Schriftsysteme bedeutete, dass die Kunst des Schreibens nicht mehr ausschließlich den Eliten vorbehalten war. Phönizische Städte wie Byblos, Tyros und Sidon, die Zentren des Handels und der Kultur waren, entwickelten eine schriftliche Tradition, die auch Personen außerhalb der Priesterschaft Zugang zu Schriftlichkeit und Bildung eröffnete.

Das phönizische Alphabet machte es zudem möglich, Wissen einfacher und schneller zu verbreiten. Ob es sich um Handelsverträge, diplomatische Nachrichten oder logistische Anweisungen handelte, die Verwendung eines schlanken Alphabets beschleunigte die Kommunikation. Es entwickelte sich eine Art von schriftlichem Pragmatismus, der für die kosmopolitischen Städte der Phönizier charakteristisch wurde, in denen verschiedene Kulturen, Sprachen und Traditionen aufeinandertrafen und durch den Handel miteinander verflochten wurden.

Das Erbe der phönizischen Schrift

Die Erfindung des phönizischen Alphabets war ein Meilenstein in der Geschichte der Schrift, denn es legte den Grundstein für nahezu alle modernen Alphabet-Systeme. Phönizische Schriftzeichen entwickelten sich weiter in den Schriften der Nachbarvölker und wurden zu den Vorfahren der griechischen, lateinischen, hebräischen und arabischen Schriften. Insbesondere durch die Übernahme und Anpassung durch die Griechen, die das Alphabet um Vokale ergänzten, erlangte das phönizische Alphabet eine neue Dimension und entfaltete sich zu einem System, das noch heute in Form der abendländischen Alphabettradition fortbesteht.

So hat das phönizische Alphabet die Art und Weise geprägt, wie Generationen von Menschen Sprache verschriftlichen und Informationen bewahren. Was einst als pragmatische Lösung für die Aufzeichnung von Handelsgeschäften begann, entwickelte sich zu einem universellen kulturellen Vermächtnis, das den Grundstein für das westliche Alphabet und die heutige schriftliche Kommunikation legte.

Die Phönizier, als Seefahrervolk und Meister des Handels, hatten mit der Erfindung ihres Alphabets nicht nur ein Werkzeug geschaffen, das sie in ihrer eigenen Zeit unentbehrlich machte, sondern ein Erbe hinterlassen, das die schriftliche Kultur und die Kommunikationsformen über Jahrtausende hinweg beeinflusste und die Weichen für die Entwicklung der heutigen Alphabetschrift stellte.

Das griechische Alphabet

Die Einführung von Vokalen

Das griechische Alphabet als Weiterentwicklung der phönizischen Schrift mit Einführung von Vokalen

Das griechische Alphabet markiert einen der bedeutendsten Fortschritte in der Geschichte der Schrift, denn mit ihm wurde ein System geschaffen, das die Komplexität der menschlichen Sprache vollständig abbilden konnte. Indem die Griechen das phönizische Alphabet übernahmen und es um Vokale ergänzten, schufen sie das erste Alphabet, das nicht nur Konsonanten, sondern alle Laute der Sprache repräsentierte. Diese Entwicklung ebnete den Weg für eine präzisere schriftliche Übertragung gesprochener Worte und beeinflusste die abendländische Kultur tiefgreifend. In einer Zeit, in der Kommunikation und Bildung zunehmend an Bedeutung gewannen, legte das griechische Alphabet den Grundstein für eine neue schriftliche Ära.

Ein Wandel durch den Einfluss der Phönizier

Die Einführung der Vokale durch die Griechen lässt sich ohne die phönizische Grundlage nicht verstehen. Im 8. Jahrhundert v. Chr. kam es durch intensiven Handelskontakt zwischen Griechenland und Phönizien zu einem Kulturaustausch, der die Griechen nicht nur mit exotischen Waren, sondern auch mit der phönizischen Schrift vertraut machte. Dieses Schriftsystem, das sich im gesamten Mittelmeerraum verbreitet hatte, war für die Griechen faszinierend, doch es enthielt ein Manko: Es repräsentierte ausschließlich Konsonanten, was für die phönizische Sprache praktisch und sinnvoll war, da sich die Vokale oft aus dem Zusammenhang ergaben. Doch für die griechische Sprache stellte dies ein Hindernis dar. Die phonologische Struktur der griechischen Sprache mit ihrem intensiven Gebrauch von Vokalen erforderte eine andere Lösung.

Die Griechen entschieden sich, das Schriftsystem der Phönizier nicht einfach zu übernehmen, sondern zu adaptieren und an ihre sprachlichen Bedürfnisse anzupassen. Der radikale Schritt, den sie dabei unternahmen, war die Einführung von Zeichen, die explizit für Vokale standen – eine Innovation, die es bisher in keinem bekannten Schriftsystem gegeben hatte. Dieser Schritt war nicht nur ein technischer Fortschritt, sondern eine bewusste Entscheidung, die die griechische Sprache und Schrift für zukünftige Generationen prägte und das Fundament für ein Schriftwesen legte, das in allen westlichen Alphabetsystemen bis heute Bestand hat.

Die Einführung der Vokale als revolutionäre Neuerung

Die Einführung von Vokalen im Alphabet mag auf den ersten Blick als eine kleine Veränderung erscheinen, doch tatsächlich war sie von tiefgreifender Bedeutung. Während andere Kulturen, wie die Ägypter oder Sumerer, komplexe Schriftsysteme mit unzähligen Zeichen geschaffen hatten, erreichten die Griechen eine einfache, doch flexible Struktur, die den gesamten Lautbestand ihrer Sprache abdeckte.

Die Ergänzung von Vokalen schuf eine neue Art der Klarheit. Da Vokale einen wesentlichen Bestandteil der griechischen Sprache ausmachen und häufig als Silbenkern fungieren, eröffnete ihre explizite Darstellung eine präzise und unverwechselbare Lesbarkeit. Für ein Volk wie die Griechen, das nicht nur Handel trieb, sondern auch Philosophie, Wissenschaft, und Literatur pflegte, war dies ein unverzichtbarer Fortschritt. Die Schriften Homers, die auf das 8. Jahrhundert v. Chr. datiert werden, wie auch die philosophischen Texte späterer Zeiten, wären ohne die Möglichkeit, alle Laute der Sprache schriftlich festzuhalten, unvorstellbar gewesen. Das griechische Alphabet ermöglichte nicht nur die Erhaltung dieser Werke, sondern machte sie auch für nachfolgende Generationen verständlich und zugänglich.

Eine neue Schriftkultur im antiken Griechenland

Mit der Einführung des Alphabets mit Vokalen wurde das Schreiben in Griechenland zu einer Kunstform und einem Werkzeug der intellektuellen Auseinandersetzung. In den aufblühenden Städten wie Athen und Sparta wuchs das Bedürfnis nach einer Schrift, die Philosophen, Wissenschaftler und Dichter gleichermaßen nutzen konnten. Das griechische Alphabet schuf eine gemeinsame Grundlage für all jene, die an der Weitergabe und dem Austausch von Wissen interessiert waren. Die Entwicklung von Bibliotheken, Schulen und Theatern wäre ohne das griechische Alphabet in seiner Form kaum denkbar gewesen.

In einer Zeit, in der Dichtung, Philosophie und Rhetorik eine zentrale Rolle spielten, bot das neue Alphabet eine Klarheit und Eindeutigkeit, die die griechische Kultur nachhaltig beeinflusste. Die mündliche Überlieferung blieb zwar wichtig, doch durch das Alphabet konnte das gesprochene Wort nun dauerhaft festgehalten werden. Werke wie die Ilias und die Odyssee waren früher auf Gedächtnis und mündliche Weitergabe angewiesen, doch durch die Einführung der Schrift konnten sie fixiert und vervielfältigt werden. Diese Werke prägten die kulturelle Identität Griechenlands und schufen ein Bewusstsein für das literarische Erbe.

Vom griechischen Alphabet zu den europäischen Schriften

Das griechische Alphabet diente als Vorlage für viele spätere Alphabetsysteme und wurde zur Grundlage des lateinischen und kyrillischen Alphabets, die sich über weite Teile Europas und Asiens ausbreiten sollten. Die Vokalergänzung war für diese Übernahmen entscheidend, denn sie ermöglichte die Anpassung an die unterschiedlichen phonologischen Systeme der europäischen Sprachen. Diese Entwicklung hätte ohne das griechische Alphabet nicht in derselben Form stattgefunden.

Insbesondere das lateinische Alphabet, das sich später in Rom herausbildete und heute die Grundlage der meisten westlichen Schriftsysteme bildet, übernahm die griechischen Prinzipien und passte sie an seine eigenen Bedürfnisse an. Durch die römischen Eroberungen und den Einfluss des Christentums verbreitete sich das lateinische Alphabet schließlich über den gesamten europäischen Kontinent. Die Idee, alle Laute – Konsonanten wie Vokale – schriftlich darzustellen, wurde zum Standard und ebnete den Weg für eine globale Schriftkultur, die auf Klarheit und Lesbarkeit basiert.

Das griechische Alphabet ist somit ein unverzichtbarer Meilenstein in der Geschichte der Schrift. Es hat nicht nur das antike Griechenland geprägt, sondern auch das abendländische Schriftwesen entscheidend beeinflusst. Die Vokale, die in dieses Alphabet eingefügt wurden, symbolisieren die Fähigkeit der Menschen, Sprache und Gedanken klar und deutlich festzuhalten und sie der Nachwelt zu überliefern.

Das etruskische Alphabet

und seine Einflüsse

Die Rolle des etruskischen Alphabets in der italienischen Halbinsel und sein Einfluss auf spätere Schriften

Das etruskische Alphabet nimmt in der Geschichte der Schriften eine besondere Rolle ein. Im Zentrum der italienischen Halbinsel gelegen und in regem Austausch mit anderen Kulturen stehend, schufen die Etrusker ein Schriftsystem, das zum Bindeglied zwischen den griechischen und römischen Alphabeten werden sollte. Die Etrusker, ein geheimnisumwobenes Volk, dessen Ursprünge und Sprache lange ein Rätsel der Forschung blieben, nutzten ein Schriftsystem, das für spätere europäische Kulturen prägend war. Besonders das römische Alphabet, das heute fast weltweit verwendet wird, wurde entscheidend durch das etruskische System beeinflusst. Die Entwicklung und Bedeutung des etruskischen Alphabets wird somit zu einem der spannendsten Kapitel der abendländischen Schriftgeschichte.

Die Etrusker:

Eine Kultur zwischen Orient und Okzident

Die Etrusker waren eine Zivilisation, die im ersten Jahrtausend v. Chr. auf dem Gebiet des heutigen Mittelitaliens blühte und von den Griechen als ›Tyrrhener‹ oder ›Tyrsenoi‹ bezeichnet wurde. Ihre genaue Herkunft ist bis heute umstritten. Einerseits gibt es Vermutungen, dass sie aus Kleinasien stammten, andererseits deuten archäologische Funde darauf hin, dass sie schon sehr früh in Italien sesshaft waren. Durch ihre geographische Lage und den Einfluss der benachbarten griechischen Kolonien in Süditalien gerieten die Etrusker in direkten Kontakt mit der griechischen Kultur und deren Alphabet, welches sich entlang der Handelsrouten verbreitete.

Das etruskische Schriftsystem entwickelte sich aus dem griechischen Alphabet, das im 8. Jahrhundert v. Chr. in Italien bekannt wurde. Die Etrusker übernahmen die griechischen Buchstaben, modifizierten sie jedoch, um den phonologischen Anforderungen ihrer eigenen Sprache gerecht zu werden. Damit schufen sie ein eigenständiges Schriftsystem, das sich zwar auf griechische Wurzeln stützte, jedoch eigene Zeichen und Anpassungen hervorbrachte. Die etruskische Sprache selbst war keine indogermanische Sprache wie das Griechische oder das Lateinische, sondern eine isolierte Sprache mit einzigartiger Lautstruktur, was die Anpassung des Alphabets an die etruskische Aussprache notwendig machte.

Die Form und Funktion des etruskischen Alphabets

Die etruskische Schrift bestand aus insgesamt 26 Zeichen, die von rechts nach links geschrieben wurden, ähnlich wie die phönizische Schrift. Sie enthielt hauptsächlich Konsonanten, wobei einige Zeichen für Laute genutzt wurden, die im Griechischen keine Entsprechung hatten oder in der etruskischen Sprache nicht vorkamen. Das Alphabet spiegelte eine einfache

Struktur wider, die jedoch für die Etrusker ausreichend war, um ihre Sprache wiederzugeben. Anders als bei den Griechen, wo das Alphabet bald literarische Texte ermöglichte, blieb die etruskische Schrift größtenteils auf praktische und religiöse Anwendungen beschränkt. Inschriften auf Gräbern, Weihgaben und Kultgegenständen dominierten die Anwendung der Schrift, und es sind bis heute nur wenige längere Texte bekannt.

Interessanterweise diente das etruskische Alphabet nicht nur zur Wiedergabe der etruskischen Sprache, sondern wurde auch als Vermittler zwischen Kulturen genutzt. Auf der italienischen Halbinsel, wo verschiedene Stämme und Kulturen wie die Veneter, die Umbrer und schließlich die Römer siedelten, entstand durch den Einfluss der Etrusker eine Art sprachlicher Standardisierung. Diese Völker übernahmen das Alphabet der Etrusker für ihre eigenen Sprachen und modifizierten es leicht, sodass es für ihre Bedürfnisse geeignet war. Das etruskische Alphabet war damit die erste Schrift, die in Italien als allgemeines Kommunikationsmedium genutzt wurde und somit einen wesentlichen Beitrag zur Verbreitung der Schriftkultur auf der Halbinsel leistete.

Der Einfluss auf das römische Alphabet und die Entstehung des lateinischen Schriftwesens

Als die Römer begannen, die etruskische Schrift für ihre eigene Sprache zu adaptieren, befand sich Rom noch in einem engen kulturellen Austausch mit der etruskischen Zivilisation. Die Römer standen zunächst unter der Vorherrschaft der etruskischen Könige und übernahmen zahlreiche kulturelle Praktiken von ihren Nachbarn – darunter auch das Alphabet. Die Übernahme des etruskischen Alphabets durch die Römer markierte einen entscheidenden Punkt in der Geschichte, da die Römer es nicht nur annahmen, sondern es auch an ihre Sprache anpassten und veränderten, um den Bedürfnissen des Lateinischen gerecht zu werden.

Die Römer entfernten sich allmählich von der ursprünglichen etruskischen Form und passten das Alphabet ihrer eigenen Sprache an, wobei sie einige Buchstaben, die für das Lateinische nicht relevant waren, wegließen und andere, wie das G, neu einführten, um die Anforderungen ihrer Sprache besser abzudecken. Dabei griffen die Römer auf das griechische Alphabet zurück, das bereits durch die Etrusker übermittelt worden war, und modifizierten es weiter, bis sie ein eigenes System geschaffen hatten, das später zum Vorbild für das lateinische Alphabet wurde.

Dieses römische Alphabet entwickelte sich im Laufe der Zeit zu dem, was wir heute als das klassische lateinische Alphabet kennen. Es wurde später zum bevorzugten Schriftsystem in Europa und breitete sich mit der Expansion des Römischen Reiches über den gesamten Kontinent aus. Auch nach dem Fall Roms blieb das lateinische Alphabet ein fester Bestandteil der europäischen Schriftkultur und bildet bis heute die Grundlage für zahlreiche moderne Schriftsysteme.

Die etruskische Schriftkultur:

Ein Vermächtnis

Die etruskische Schriftkultur hat trotz ihrer relativ kurzen Blütezeit einen tiefen Eindruck hinterlassen. Heute sind von ihr nur Fragmente erhalten – Inschriften auf Gräbern, Votivgaben und einige Texte religiöser Natur. Viele dieser Inschriften geben uns jedoch Einblicke in die religiöse Welt und die kulturellen Praktiken der Etrusker, die stark von der Kommunikation mit dem Jenseits und der Ahnenverehrung geprägt waren. Für die Etrusker besaß die Schrift eine magische und zeremonielle Bedeutung. Sie war weniger ein Werkzeug zur literarischen Selbstdarstellung, sondern diente der Sicherstellung von Traditionen und Ritualen.

Dieser Aspekt der Schrift als sakrales Medium macht die etruskische Schriftkultur zu einem Sonderfall in der europäischen Schriftgeschichte. Während die Griechen ihre Schrift auch für poetische, philosophische und wissenschaftliche Zwecke nutzten, war die etruskische Schrift eng an das Religiöse gebunden und diente als Bindeglied zwischen den Lebenden und den Toten. Diese besondere Verwendung der Schrift zeigt, dass die Etrusker ihre Zeichen nicht nur als praktisches, sondern auch als spirituelles Werkzeug betrachteten, das ihnen Zugang zu einer höheren Ebene des Daseins verschaffen sollte.

Einfluss und Vermächtnis:

Das Erbe der Etrusker in der modernen Welt

Die Rolle der Etrusker in der Entwicklung des Alphabets und ihr Einfluss auf die römische Schriftkultur hinterließen ein Erbe, das bis heute in den modernen Alphabeten Europas nachhallt. Die Etrusker, die als Kultur von den Römern beinahe vollständig assimiliert und später in Vergessenheit geraten waren, legten dennoch entscheidende Grundsteine für das lateinische Alphabet, das heute die Grundlage vieler westlicher Sprachen bildet.

Ohne die Vermittlungsfunktion der Etrusker und ihrer Schrift hätte sich das griechische Alphabet möglicherweise nicht auf der italienischen Halbinsel durchgesetzt. Sie schufen einen schriftlichen Brückenschlag, der den Römern und anderen Kulturen den Zugang zu einer Alphabetschrift ermöglichte und das Fundament für eine gemeinsame Schrifttradition in Europa legte. Damit leisteten sie einen wichtigen Beitrag zur Entwicklung einer Schrift, die heute die Grundlage für das westliche Schriftsystem darstellt und die Basis für die kulturelle Weitergabe von Wissen und Gedanken schuf.

Das Vermächtnis der Etrusker lebt also in jeder modernen Schrift weiter, die das lateinische Alphabet verwendet. Ihr Einfluss mag oft im Schatten der großen Kulturen des antiken Griechenlands und Roms stehen, doch ihre Rolle als Hüter und Vermittler einer revolutionären Schriftform bleibt unvergessen und bedeutend.

Das lateinische Alphabet — Ein Fundament für die westliche Schriftkultur

Das lateinische Alphabet als Grundlage der westlichen Schrift und seine Anpassungen für das Römische Reich

Das lateinische Alphabet, wie es heute nahezu weltweit bekannt und in unzähligen Sprachen im Gebrauch ist, hat seine Wurzeln im antiken Rom. Es entstand aus einer Jahrhunderte andauernden kulturellen Interaktion und stellt die wohl einflussreichste Schriftform der westlichen Welt dar. Das lateinische Alphabet entwickelte sich aus dem etruskischen System, das seinerseits bereits griechische Einflüsse integriert hatte. Mit der Anpassung und Ausbreitung dieses Alphabets durch das Römische Reich wurde es nicht nur zum Standard im europäischen Raum, sondern auch zu einem Medium für den Austausch von Wissen, Kultur und Verwaltung. Es überlebte den Untergang des Reiches und fand neue Anwendungen in der mittelalterlichen Scholastik, der Wissenschaft, der Renaissance-Kunst und schließlich in der modernen Welt, wo es als universelles Kommunikationsmittel dient.

Die Ursprünge des lateinischen Alphabets

Das lateinische Alphabet entstand in einem dynamischen kulturellen Umfeld, das vom Austausch zwischen Griechen, Etruskern und Römern geprägt war. Die Römer übernahmen das etruskische Alphabet, welches in der Mitte des ersten Jahrtausends v. Chr. auf der italienischen Halbinsel verbreitet war. Während die Etrusker das griechische Alphabet bereits für ihre eigene Sprache angepasst hatten, modifizierten die Römer es weiter, um die lateinische Sprache zu repräsentieren.

Diese Anpassungen spiegelten die Besonderheiten des Lateinischen wider. Einige etruskische Buchstaben, die im Lateinischen keinen Lautwert hatten, wurden entfernt, und andere wurden neu hinzugefügt oder verändert, um Laute abzudecken, die für das Römische spezifisch waren. Das ursprüngliche lateinische Alphabet bestand aus 21 Buchstaben. Einige Buchstaben, wie das ›G‹, wurden hinzugefügt, um die Aussprache des Lateinischen genauer abzubilden. Dieser Prozess der Anpassung zeigt das tiefe Verständnis der Römer für die Nützlichkeit eines Schriftsystems, das sowohl flexibel als auch präzise auf ihre Bedürfnisse zugeschnitten war.

Die Anpassung des Alphabets für ein Imperium

Als Rom expandierte und sich von einer regionalen Macht zu einem weitreichenden Imperium entwickelte, veränderte sich auch die Rolle des lateinischen Alphabets. Die Verwaltung eines so großen Reiches erforderte ein einheitliches Kommunikationsmittel, das nicht nur die Eliten, sondern auch die zunehmend heterogene Bevölkerung Roms erreichen konnte. Das lateinische Alphabet diente als Vehikel der Macht und Verwaltung, das alle Ecken des Imperiums miteinander verband – von Britannien im Westen bis Ägypten im Osten.

Lateinische Schriftzeichen prägten Münzen, Straßenmarkierungen, Monumente und öffentliche Bekanntmachungen. In den administrativen Zentren des Reiches wurden die wichtigsten Informationen schriftlich festgehalten, oft in einer formellen Variante des Lateins, die als ›Kanzleilatein‹ bezeichnet wird. Diese Art von Latein war prägnant, klar und besonders für den schnellen und unmissverständlichen Informationsaustausch geeignet. Das Alphabet wurde für Gesetze, Dekrete und Dokumentationen verwendet und sicherte so die Ordnung und Kohärenz des Reiches. Die Römer verstanden das Potenzial des Alphabets als Instrument zur Kontrolle und Stabilisierung ihres Machtbereichs, was es zur Grundlage der westlichen Verwaltung und Staatskunst machte.

Das lateinische Alphabet und die Literatur

Neben administrativen Zwecken entwickelte sich das lateinische Alphabet auch zu einem Medium der Kunst und Literatur. Die Römer begannen, Werke der Philosophie, Dichtung und Geschichtsschreibung niederzuschreiben, wodurch sie ihr kulturelles und intellektuelles Erbe verewigten. Werke von Autoren wie Vergil, Ovid, Cicero und Horaz wurden mit lateinischen Buchstaben aufgezeichnet und in Manuskripten vervielfältigt. Diese Texte hatten einen maßgeblichen Einfluss auf die europäische Kultur und prägten das Bildungssystem des Westens für Jahrhunderte.

Die Literaten und Gelehrten des Römischen Reiches verstanden die Kraft der Sprache und der Schrift als Ausdrucksmittel und Mittel zur Festigung des kulturellen Selbstverständnisses.

Dabei war die lateinische Sprache selbst, die sich in einem formalen, beinahe rituellen Stil bediente, eine bewusste Erhebung der römischen Identität über andere Völker. Das Alphabet trug somit nicht nur zu praktischen Zwecken bei, sondern etablierte sich als Träger eines kulturellen Erbes, das die römische Gesellschaft für die Nachwelt erhalten wollte.

Die Überlieferung und Weiterentwicklung des lateinischen Alphabets nach dem Fall Roms

Mit dem Fall des Weströmischen Reiches im Jahr 476 n. Chr. hätte auch das lateinische Alphabet in Vergessenheit geraten können. Doch das Gegenteil trat ein: Latein und das lateinische Alphabet überlebten nicht nur, sondern florierten weiter, insbesondere durch die Unterstützung der Kirche, die Latein als ihre offizielle Sprache übernahm. In den Klöstern des Mittelalters wurde Latein die Sprache der Gelehrten, und die Mönche kopierten unermüdlich die Texte der antiken Autoren. Diese Manuskripte bildeten die Grundlage für das Wissen, das später im Mittelalter und in der Renaissance wiederentdeckt und weiterentwickelt wurde.

Das lateinische Alphabet erlebte in der Scholastik des Mittelalters und durch die Bemühungen von Intellektuellen wie Thomas von Aquin und Petrarca eine Wiedergeburt. In dieser Epoche wurde das Alphabet weiter angepasst, und die Form der Buchstaben entwickelte sich, um eine präzisere Darstellung des lateinischen Textes zu ermöglichen. Zudem brachte die Erfindung des Buchdrucks durch Johannes Gutenberg eine

Revolution mit sich, die das Alphabet in eine neue Dimension katapultierte. Die Druckerpresse machte es möglich, Bücher massenhaft zu produzieren, was das Alphabet und die lateinische Schriftkultur einem breiten Publikum zugänglich machte. Das lateinische Alphabet blieb nicht mehr nur den Eliten vorbehalten, sondern prägte eine neue Epoche des Wissens und der Bildung.

Die Rolle des lateinischen Alphabets in der modernen Welt

Heute bildet das lateinische Alphabet die Grundlage der meisten westlichen Schriftsysteme und wird weltweit verwendet – von den Sprachen Europas über den amerikanischen Kontinent bis nach Australien und weite Teile Afrikas. Durch Kolonialisierung und kulturellen Austausch hat es seinen Weg in fast jeden Winkel der Erde gefunden und ist ein unverzichtbarer Bestandteil der globalen Kommunikation geworden.

Viele moderne Sprachen, die auf dem lateinischen Alphabet basieren, haben das Alphabet ihren eigenen Bedürfnissen angepasst. Neue Buchstaben und diakritische Zeichen wurden hinzugefügt, um Laute darzustellen, die im klassischen Lateinischen nicht existieren. Beispiele hierfür sind die Akzente im Französischen, das ›Ñ‹ im Spanischen oder die Umlaute im Deutschen. Diese Anpassungen zeigen die Flexibilität und Anpassungsfähigkeit des lateinischen Alphabets, das sich den besonderen Anforderungen unterschiedlicher Sprachgemeinschaften auf der ganzen Welt anpassen konnte, ohne dabei seine wesentliche Struktur zu verlieren.

Das Vermächtnis des lateinischen Alphabets

Das lateinische Alphabet ist nicht nur eine Schriftform; es ist ein Symbol für die kulturelle Kontinuität und den Wissensdurst des Menschen. Seine Entwicklung und Verbreitung erzählen eine Geschichte von Eroberung, Anpassung und kultureller Integration. Durch seine Einfachheit und Struktur wurde es zu einem universellen Kommunikationsmittel, das von der Verwaltung eines Weltreichs bis zur Verbreitung religiöser und philosophischer Ideen genutzt wurde. Es verband die Menschen des Römischen Reichs und wurde später zum Fundament der westlichen Bildung und Literatur.

Dieses Alphabet hat sich als unverzichtbar erwiesen, um kulturelle Werte, Ideen und Wissen über Generationen hinweg zu bewahren. Es ist ein Symbol für die westliche Kultur, die auf Schrift, Wissen und Austausch basiert. Auch heute, in einer Zeit digitaler Kommunikation und weltweiter Netzwerke, bleibt das lateinische Alphabet ein Fundament, das Verbindungen schafft und kulturelle Identität stiftet. Sein Vermächtnis ist lebendig, und es spiegelt den menschlichen Drang wider, Gedanken, Ideen und Wissen in einer Form zu bewahren, die Epochen und Kulturen überdauert.

Die arabische Schrift — Die Ausbreitung und kulturelle Bedeutung

Entstehung und Verbreitung der arabischen Schrift und ihre Bedeutung in Wissenschaft und Religion

Die arabische Schrift hat im Lauf der Geschichte eine Bedeutung erlangt, die weit über die reine Kommunikation hinausgeht. Sie entwickelte sich aus einer pragmatischen Notwendigkeit heraus, doch die Verbreitung des Islam und die wissenschaftlichen Errungenschaften der islamischen Welt führten dazu, dass diese Schrift nicht nur in religiösen und administrativen, sondern auch in kulturellen und wissenschaftlichen Bereichen eine zentrale Rolle einnahm. Bis heute prägt sie das Leben von Millionen Menschen und gilt als Symbol für die Einheit und Identität der arabischen und islamischen Welt. Die Geschichte der arabischen Schrift ist eine Geschichte von kultureller Identität, religiöser Bedeutung und wissenschaftlicher Errungenschaft.

Ursprung und Entstehung der arabischen Schrift

Die Ursprünge der arabischen Schrift lassen sich in das 4. Jahrhundert nach Christus zurückverfolgen. Sie entwickelte sich aus der nabatäischen Schrift, die wiederum eine Variante der aramäischen Schrift war. Die Aramäer, deren Sprache sich über den gesamten Nahen Osten verbreitet hatte, nutzten eine

Schrift, die sehr flexibel war und gut an verschiedene Sprachsysteme angepasst werden konnte. Als Vorfahren der arabischen Sprache nutzten die Nabatäer diese Schriftform und veränderten sie allmählich, um ihre eigenen Sprachlaute und Bedürfnisse besser darzustellen. So entstand in mehreren Schritten eine frühe Form der arabischen Schrift, die schließlich in ihrer voll entwickelten Form als bedeutende Grundlage für das arabische Schriftsystem diente.

Diese frühe Schrift besaß jedoch noch nicht die komplexen Regeln und feinen Unterschiede, die heute typisch für die arabische Kalligrafie sind. Es waren vor allem die Umstände und Herausforderungen der damaligen Zeit – das Bedürfnis nach schriftlicher Überlieferung, die Verbreitung religiöser Texte und die politischen Entwicklungen –, die die arabische Schrift weiter formten und verfeinerten. Ab dem 7. Jahrhundert, mit der Offenbarung des Korans, erfuhr die arabische Schrift eine außerordentliche Bedeutung und Verbreitung. Sie wurde systematisiert und an die Bedürfnisse der neuen religiösen Gemeinschaft angepasst, die bald über die arabische Halbinsel hinauswachsen sollte.

Die Verbreitung durch den Islam

Die rasche Verbreitung der arabischen Schrift ab dem 7. Jahrhundert ist untrennbar mit der Ausbreitung des Islam verbunden. Die Verkündigung des Korans, die zentrale Schrift des Islam, in der arabischen Sprache machte es notwendig, ein Schriftsystem zu entwickeln, das sowohl flexibel als auch akkurat die sprachliche Botschaft der göttlichen Offenbarung bewahren konnte. Der Koran galt als das wörtliche Wort Gottes, und jede Abweichung oder Ungenauigkeit in der Darstellung galt als problematisch, da sie die Bedeutung verfälschen könnte. Dies führte zur Entwicklung einer präzisen und ästhetisch anspruchsvollen Schreibkunst, die nicht nur auf Verständlichkeit, sondern auch auf Schönheit abzielte.

Die arabische Schrift wurde zum heiligen Medium der islamischen Botschaft und breitete sich in rasantem Tempo über die Grenzen der arabischen Halbinsel hinaus aus. Mit den islamischen Eroberungen und der Ausbreitung der Religion fanden auch Sprache und Schrift ihren Weg nach Nordafrika, Persien, Zentralasien und sogar bis nach Spanien. Überall, wo der Islam Fuß fasste, entwickelte sich die arabische Schrift als das bevorzugte System für religiöse und oft auch für alltägliche schriftliche Kommunikation. Dabei wurden lokale Dialekte und Sprachen oft in das arabische Schriftsystem integriert, was die Flexibilität und Adaptionsfähigkeit dieser Schrift verdeutlicht.

Die arabische Schrift in der Wissenschaft und Kultur des Mittelalters

Während der Blütezeit der islamischen Kultur vom 8. bis zum 13. Jahrhundert, einer Epoche, die oft als das Goldene Zeitalter des Islam bezeichnet wird, erlebte die arabische Schrift eine beispiellose kulturelle und wissenschaftliche Bedeutung. Die islamischen Gelehrten waren bestrebt, das Wissen der Antike zu bewahren und zu erweitern. Das arabische Alphabet wurde zum zentralen Medium, durch das wissenschaftliche und philosophische Texte verbreitet und konserviert wurden. Werke griechischer, persischer und indischer Philosophen und Wissenschaftler wurden ins Arabische übersetzt und in der islamischen Welt studiert und weiterentwickelt.

Die Wissenschaften – darunter Mathematik, Astronomie, Medizin, Philosophie und Alchemie – erlebten in dieser Zeit einen Höhepunkt, und das arabische Alphabet spielte dabei eine zentrale Rolle als Träger dieser neuen Erkenntnisse. Arabische Schriftgelehrte und Wissenschaftler entwickelten durch die Arbeit mit Schrift eine genauere Methodik und ein analytisches System, das in Europa noch lange Zeit unbekannt war. Begriffe wie Algebra, Chemie und Algorithmus haben ihre Wurzeln in der arabischen Sprache und fanden durch das arabische Alphabet ihren Weg in die wissenschaftliche Welt Europas.

Besonders hervorzuheben ist auch die hohe Bedeutung der arabischen Schrift in der Astronomie. Arabische Astronomen wie Al-Battani und Al-Sufi führten aufwendige Beobachtungen durch und dokumentierten ihre Erkenntnisse in Texten, die bis heute erhalten sind. Sie schufen dabei nicht nur neue Systeme der Himmelsbeobachtung, sondern auch eine Sprache und Terminologie, die der modernen Wissenschaft eine Grundlage gab. Auch in der Medizin und Pharmazie spielten arabische Werke, die in arabischer Schrift verfasst waren, eine zentrale Rolle und galten als maßgebliche Texte in europäischen Universitäten bis in die Renaissance.

Religiöse und ästhetische Bedeutung der Kalligrafie

Mit der tiefen Verbindung zur Religion gewann die arabische Schrift eine künstlerische Dimension, die sich besonders in der Entwicklung der islamischen Kalligrafie widerspiegelt. Da die Darstellung von Menschen und Tieren in der islamischen Kunst oft als problematisch galt, entwickelte sich die Kalligrafie zu einer bevorzugten Kunstform. Sie bot einen Weg, ästhetische und spirituelle Werte zu verbinden und die Schrift selbst als Ausdruck der göttlichen Schönheit zu begreifen.

Diese kalligrafische Kunst erreichte eine hohe Komplexität und eine unvergleichliche Schönheit, insbesondere in der Darstellung des Korans und anderer religiöser Texte. Verschiedene kalligrafische Stile wie Kufisch, Naskh und Thuluth entwickelten sich, die alle ihre eigenen charakteristischen Merkmale besaßen und oft für spezifische Zwecke verwendet wurden. Der ›Kufische Stil‹, mit seinen klaren, geometrischen Formen, fand häufig Anwendung in der Architektur und auf Münzen, während der fließendere ›Naskh-Stil‹ bevorzugt für Manuskripte verwendet wurde. Die arabische Schrift wurde so nicht nur zu einem Kommunikationsmittel, sondern auch zu einem religiösen und ästhetischen Ausdrucksmittel, das die Harmonie und Vollkommenheit der göttlichen Schöpfung reflektierte.

Die arabische Schrift in der heutigen Zeit

Auch heute hat die arabische Schrift eine unverändert hohe kulturelle und religiöse Bedeutung. Sie wird nicht nur von Millionen Menschen im Alltag verwendet, sondern ist auch ein

Symbol der kulturellen und sprachlichen Einheit in der arabischen Welt. Die arabische Sprache und Schrift sind für viele Menschen ein wesentlicher Bestandteil ihrer Identität, und die Kalligrafie wird weiterhin als Kunstform gepflegt und geschätzt.

Darüber hinaus hat die arabische Schrift ihre Flexibilität erneut unter Beweis gestellt, indem sie sich an die moderne Welt angepasst hat. Sie findet heute Anwendung in der elektronischen Kommunikation, in den sozialen Medien und in digitalen Formaten, und dabei bleibt ihre Schönheit und ihr kultureller Wert erhalten. Trotz der Herausforderungen der Moderne ist die arabische Schrift ein lebendiges Symbol für eine reiche kulturelle und wissenschaftliche Tradition, die über Jahrhunderte hinweg Bestand hatte und weiterhin in verschiedenen Formen und Medien bewahrt und weitergegeben wird.

Die arabische Schrift, die als funktionales Werkzeug für eine aufstrebende Zivilisation begann, entwickelte sich rasch zu einem Symbol der Einheit, des Wissens und der ästhetischen Ausdruckskraft. Sie vereinte die islamische Welt nicht nur durch Sprache, sondern auch durch ihre Fähigkeit, komplexe Ideen und tiefe spirituelle Werte zu vermitteln. Durch die arabische Schrift wurden Wissen und Wissenschaft bewahrt und verbreitet, und sie bleibt bis heute eine lebendige, sich stetig anpassende Brücke zwischen Vergangenheit und Gegenwart.

Die indische Devanagari
Schrift und das Sanskrit

Die Entstehung und Bedeutung der indischen Schriften für die kulturelle und spirituelle Entwicklung

Die Schriftkultur Indiens ist eine der tiefgründigsten und ältesten Traditionen der Welt. Mit ihren Ursprüngen in der frühen Entwicklung von Sprache und Kultur hat sie maßgeblich zur Identität und zum geistigen Erbe des indischen Subkontinents beigetragen. Unter den vielen Schriften Indiens ragt die Devanagari-Schrift hervor, die eng mit der klassischen Sprache Sanskrit verbunden ist. Diese Schrift und Sprache haben die indische Zivilisation über Jahrtausende hinweg geprägt und eine reiche Tradition des Wissens, der Religion und der Philosophie geschaffen. Devanagari und Sanskrit sind nicht nur Werkzeuge zur Kommunikation, sondern wurden in Indien als heilige und spirituelle Medien verehrt, durch die sich das Göttliche manifestierte und die Menschen zur inneren Erkenntnis führen konnte.

Die Wurzeln der indischen Schriften

Die Ursprünge der indischen Schrifttradition reichen weit zurück, doch die genaue Chronologie bleibt aufgrund der komplexen und vielseitigen Entwicklung in den frühen Kulturen Indiens schwer fassbar. Man nimmt an, dass die frühe Brahmi-

Schrift, die etwa im 3. Jahrhundert v. Chr. unter der Herrschaft von Kaiser Ashoka weit verbreitet war, als Vorläufer der späteren indischen Schriftsysteme diente. Die Brahmi-Schrift, die vermutlich aus noch älteren Proto-Schriften oder symbolischen Darstellungen hervorging, stellt die Grundlage für nahezu alle späteren indischen Schriften dar.

Aus der Brahmi entwickelten sich viele regionale Schriftsysteme, die jeweils an die spezifischen Bedürfnisse und Laute der unterschiedlichen Sprachen angepasst wurden. Unter diesen Schriften ragt die Devanagari-Schrift besonders hervor. Sie entwickelte sich im ersten Jahrtausend nach Christus und etablierte sich als bevorzugtes Schriftsystem für die Verschriftlichung des Sanskrit. Sanskrit, das bereits Jahrtausende zuvor in mündlicher Überlieferung existiert hatte, fand durch Devanagari eine sichtbare, physische Form, die seine Verbreitung und Erhaltung unterstützte.

Die Bedeutung des Sanskrit und seine Verschriftlichung

Sanskrit ist eine der ältesten bekannten indogermanischen Sprachen und eine der Hauptsprachen, durch die die kulturelle, religiöse und philosophische Überlieferung Indiens erhalten wurde. Ursprünglich als rein mündliche Tradition weitergegeben, galt das Sanskrit als eine Sprache mit heiliger, spiritueller Kraft. Die Veden, die ältesten und heiligsten Texte des Hinduismus, wurden in Sanskrit verfasst und ausschließlich mündlich weitergegeben. Die intensive Rezitationspraxis, die für die Verbreitung und Bewahrung der Veden genutzt wurde, schuf eine einzigartige Sprachtradition, die auf Präzision und rhythmische

Struktur Wert legte. In Sanskrit glaubte man, dass die Worte der Veden eine so starke spirituelle Kraft besaßen, dass ihre Schwingungen allein die göttliche Wahrheit zum Ausdruck bringen konnten.

Mit der Entwicklung der ›Devanagari-Schrift‹ im ersten Jahrtausend nach Christus änderte sich jedoch die Art und Weise, wie Sanskrit überliefert und verbreitet wurde. Die Verschriftlichung ermöglichte es, die Texte der Veden, der Upanishaden, der Epik (wie Mahabharata und Ramayana) und der philosophischen Werke dauerhaft zu erhalten und über weite Distanzen zu verbreiten. Devanagari wurde damit zum Werkzeug, durch das die spirituelle Essenz des Sanskrit ihre universelle Form fand und ein Mittel, das die vielfältige Weisheit des Hinduismus, des Buddhismus und des Jainismus für zukünftige Generationen bewahrte.

Die Struktur und Einzigartigkeit der Devanagari-Schrift

Devanagari ist weit mehr als nur ein Schriftsystem; sie ist Ausdruck einer reichen philosophischen und sprachlichen Kultur. Die Struktur der Schrift zeichnet sich durch Klarheit und Systematik aus, die es erlaubt, auch komplexe Sprachstrukturen genau darzustellen. Die Schrift ist syllabisch-alphabetisch, was bedeutet, dass sie eine Kombination aus alphabetischen und silbenbasierten Elementen verwendet. Jeder Laut im Sanskrit kann durch ein eigenes Zeichen oder eine Kombination von Zeichen dargestellt werden, was eine genaue Wiedergabe der Aussprache und Betonung ermöglicht.

Das Devanagari-Alphabet besteht aus 13 Vokalen und 33 Konsonanten, die mit zusätzlichen diakritischen Zeichen kombiniert werden, um eine Vielzahl von Lauten zu erzeugen. Eine Besonderheit der Devanagari-Schrift ist die horizontale Linie, die die einzelnen Zeichen miteinander verbindet und die Worte optisch zusammenhält. Diese Linie, die sich wie ein ›Himmel‹ über die Zeichen spannt, verleiht der Schrift eine ästhetische Harmonie und wird als Symbol für die Vereinigung und Harmonie des Kosmos verstanden, das Devanagari wortwörtlich ›Schrift der Gottheiten‹ genannt wird.

Spirituelle Dimension und kulturelle Bedeutung

Devanagari und Sanskrit bilden ein einzigartiges kulturelles und spirituelles Erbe. Die Schrift wird als heilig angesehen und mit göttlichen Kräften verbunden. Durch die klare Struktur und die Reinheit der Klangwiedergabe galt Devanagari als perfektes Medium für die Sprache der Veden und für andere heilige Texte. Der Gebrauch dieser Schrift für spirituelle Texte brachte der Schrift eine sakrale Aura ein, die sie als Bindeglied zwischen Mensch und Göttlichem erscheinen ließ. Texte in Devanagari wurden nicht nur als Schriftzeichen, sondern als Manifestationen einer heiligen Ordnung verstanden, die in das Leben der Menschen hineinwirkte.

Die Bedeutung des Devanagari und Sanskrit geht jedoch weit über die Religion hinaus. Die Texte, die in Sanskrit und Devanagari verfasst wurden, umfassen nicht nur die religiösen Schriften, sondern auch wissenschaftliche Werke in Mathematik, Astronomie, Medizin und Philosophie. Die detaillierten

Abhandlungen der alten indischen Mathematiker und Astronomen, etwa in den Arbeiten von Aryabhata und Brahmagupta, legen Zeugnis ab über den hohen wissenschaftlichen Stand der damaligen indischen Kultur. Die medizinischen Texte, wie die des Ayurveda, wurden ebenfalls in Sanskrit verfasst und in Devanagari niedergeschrieben, was sie über Jahrtausende hinweg als medizinisches Wissen bewahrt hat.

Die kulturelle Kontinuität der indischen Schrifttradition

Devanagari hat bis heute eine zentrale Stellung in der indischen Kultur und wird immer noch als die Schrift für Sanskrit und eine Vielzahl moderner indischer Sprachen, darunter Hindi und Marathi, verwendet. Sie hat nicht nur zur Bewahrung der spirituellen und kulturellen Überlieferung Indiens beigetragen, sondern bildet auch das Rückgrat der modernen Schriftkultur des Landes. Durch die Verwendung von Devanagari als offizielle Schrift für Hindi, eine der Hauptsprachen Indiens, bleibt das Erbe der alten Schrift lebendig und verbindet die moderne indische Gesellschaft mit ihrer uralten Vergangenheit.

Das Fortbestehen der Devanagari-Schrift unterstreicht die tiefe kulturelle und spirituelle Kontinuität, die Indien über Jahrtausende hinweg bewahrt hat. Die Schrift ist nicht nur ein Werkzeug der Kommunikation, sondern ein Symbol für das Erbe und die Einheit Indiens, das seine Wurzeln und seine Identität auch in einer globalisierten Welt nicht vergisst. Heute wird Devanagari auch in modernen Medien und Technologien verwendet und hat sich erfolgreich an die Herausforderungen der Digitalisierung angepasst, wodurch die altehrwürdige Schrift in die Zukunft getragen wird.

Ein kulturelles und spirituelles Erbe

Die Entstehung und Entwicklung der Devanagari-Schrift in Verbindung mit der Sprache Sanskrit hat eine einzigartige und bleibende Wirkung auf die kulturelle und spirituelle Entwicklung Indiens ausgeübt. Diese Schrift und Sprache repräsentieren nicht nur eine tief verwurzelte geistige Tradition, sondern auch eine bemerkenswerte wissenschaftliche Leistung und einen bedeutenden kulturellen Reichtum. In Devanagari und Sanskrit manifestiert sich ein Erbe, das Indien und die Welt bis heute inspiriert. Sie stellen eine Verbindung zu den frühesten Weisheiten der Menschheit dar und bewahren die Erkenntnisse und Visionen, die in den philosophischen, religiösen und wissenschaftlichen Texten der alten indischen Kultur niedergelegt sind.

Runen – Die Schrift

der nordischen Kulturen

Herkunft und Verwendungsweise der Runenschrift in skandinavischen und germanischen Kulturen

Die Runenschrift ist das geheimnisvolle, von Mythen und Symbolik durchdrungene Schriftsystem der alten skandinavischen und germanischen Kulturen. Anders als viele andere Schriftsysteme der Antike, war die Runenschrift nie allein ein Mittel zur Verwaltung oder Dokumentation, sondern fest in die spirituelle und kulturelle Welt ihrer Anwender eingebettet. Ihre Runen erscheinen nicht auf Papyrusrollen, die die Geschäfte von Händlern aufzeichneten, und auch nicht in königlichen Dekreten – stattdessen finden wir sie auf Monumenten und Grabsteinen, Amuletten und Waffen. Die Runen waren mehr als nur Schriftzeichen; sie waren Symbole einer Welt, die das Unbekannte nicht in rationalen Systemen erfasste, sondern in lebendigen, vielfach geheimnisvollen Zeichen, die das Schicksal und die Götter verehrten.

Der Ursprung der Runen:

Ein Mysterium der Geschichte

Die genaue Herkunft der Runenschrift ist bis heute ungeklärt und wird von Historikern und Archäologen heiß diskutiert.

Hinweise auf ihre Ursprünge lassen vermuten, dass die Runen im ersten oder zweiten Jahrhundert unserer Zeitrechnung im Grenzgebiet zwischen der römischen Welt und den germanischen Stämmen entwickelt wurden. Durch Kontakt mit der römischen und möglicherweise etruskischen Schriftkultur kam es wahrscheinlich zu einer Vermischung und Transformation von Schriftzeichen, die schließlich zur Entwicklung des älteren Futhark führte, des ersten Runenalphabetes, das etwa 24 Zeichen umfasste.

Das Futhark selbst erhielt seinen Namen von den ersten sechs Zeichen des Alphabets: F, U, Þ (Th), A, R und K. Der Name ist somit ein direktes Zeugnis der nordischen Tradition, die in den Runen ein unverzichtbares Mittel der Ausdruckskraft und Identität fand. Anders als viele andere Schriftsysteme, die sich von der Praktikabilität leiten ließen, hatten Runen von Beginn an eine doppelte Funktion: Sie dienten der Kommunikation und repräsentierten zugleich eine mächtige, symbolische Sprache, die mit spiritueller Bedeutung aufgeladen war. Jede Rune verkörperte ein Konzept, eine Macht oder ein Wesen, und diente nicht allein der Übermittlung von Nachrichten, sondern auch als Medium, das das Wissen und die Weisheit der Götter und Ahnen einfing.

Die Rolle der Runen in der nordischen Kultur

Die nordische Kultur verehrte die Runen als heilige Symbole, die auf eine einzigartige Weise mit den Kräften der Natur und den kosmischen Mächten verknüpft waren. Runen besaßen in dieser Kultur eine rituelle und magische Bedeutung, und ihre

Verwendung beschränkte sich nicht allein auf den Alltag, sondern wurde oft zu zeremoniellen oder kultischen Zwecken eingesetzt. Man glaubte, dass die Runen von Odin selbst, dem höchsten Gott der nordischen Mythologie, in einem Akt der Opferung entdeckt worden waren: Odin soll sich neun Tage und Nächte lang an die Äste des Weltenbaums Yggdrasil gehängt haben, um das Wissen über die Runen zu empfangen. Durch dieses Opfer waren die Runen mit göttlicher Macht aufgeladen und galten als Schlüssel zu geheimem Wissen und Weisheit, die Menschen zu schätzen lernten.

Runen wurden oft in magischen und prophetischen Zusammenhängen verwendet. Schamanen und Seher – die sogenannten ›Runenmeister‹ – nutzten die Zeichen, um das Schicksal vorherzusagen oder die Kräfte der Götter anzurufen. Sie gravierten die Runen auf Steine, Knochen und andere Materialien und legten sie in bestimmten Mustern aus, um aus ihrer Anordnung Bedeutungen zu lesen. Das Runenwerfen, eine frühe Form der Wahrsagerei, war eine der häufigsten Methoden, um die Runen als Orakel zu nutzen. Doch selbst im täglichen Leben waren die Runen von Bedeutung: Sie schmückten Waffen, um Mut und Schutz zu verleihen, und sie wurden auf Amuletten getragen, um den Träger vor Unglück zu bewahren.

Die Macht der Runen als Kommunikations- und Erinnerungswerkzeug

Die Runen wurden auf eine Vielzahl von Materialien geritzt, darunter Holz, Stein, Metall und Knochen, was die Flexibilität dieser Schrift und ihren tiefen Einfluss auf das Alltagsleben der nordischen Kulturen zeigt. Doch die Runen tauchen hauptsächlich auf Monumenten und Gedenksteinen auf, die an Verstorbene erinnerten oder bedeutende Ereignisse dokumentierten. Diese Inschriften, die wir heute als ›Runensteine‹ kennen, finden sich im gesamten skandinavischen Raum und erzählen von Heldentaten, Reisen und kriegerischen Erfolgen, aber auch von Verlust und Trauer. Die Runensteine fungierten somit nicht nur als Gedenktafeln, sondern auch als Träger kollektiver Erinnerungen und kultureller Identität.

Die Wahl der Runen für solch bedeutende Monumente verdeutlicht die Rolle der Schrift als Werkzeug, das weit über die funktionale Ebene hinausging. Diese Inschriften wurden sorgfältig in Stein gemeißelt und mit Farben hervorgehoben, um sie auch nach Jahrhunderten noch sichtbar und lesbar zu machen. Dabei spielten die Runen eine ähnliche Rolle wie die großen Epen und mündlichen Überlieferungen anderer Kulturen: Sie bewahrten das Gedächtnis der Gemeinschaft und ließen die Ahnen und Götter weiterleben, indem sie ihre Taten und Weisheiten in beständigen Symbolen verewigten.

Die Runen im Alltag und die Entwicklung des jüngeren Futhark

Mit der Zeit entwickelten sich die Runen weiter und passten sich den sprachlichen Veränderungen an. Aus dem älteren Futhark ging im frühen Mittelalter das jüngere Futhark hervor, ein reduziertes Alphabet, das nur noch 16 Zeichen umfasste.

Diese Vereinfachung war notwendig geworden, da sich die Lautstruktur der skandinavischen Sprachen veränderte und eine Anpassung der Schriftzeichen erforderte. Das jüngere Futhark ermöglichte eine präzisere Wiedergabe der gesprochenen Sprache und wurde in Norwegen, Schweden und Dänemark in breitem Umfang genutzt. Runen fanden zunehmend Eingang in den Alltag und wurden für verschiedenste Zwecke eingesetzt – sei es zur Beschriftung von Haushaltsgegenständen, zum Verfassen von Botschaften oder zur Aufzeichnung von Handelsvorgängen.

Selbst als das lateinische Alphabet im Zuge der Christianisierung an Bedeutung gewann, verschwanden die Runen nicht vollständig. Vielmehr kam es zu einer Synthese: Auf kirchlichen Inschriften und Dokumenten sind häufig sowohl lateinische Buchstaben als auch Runen zu finden. Besonders in Island hielt sich die Runentradition noch viele Jahrhunderte lang, und auch in Norwegen und Schweden blieben die Runen tief in der Volkskultur verankert. Runen waren damit ein Medium, das nicht nur die Zeit überdauerte, sondern auch den Widerstand der nordischen Kultur gegen die kulturellen Veränderungen und Einflüsse der christlichen Missionierung verdeutlichte.

Das Erbe der Runenschrift

Heute sind die Runen ein fester Bestandteil der nordischen Identität und faszinieren Historiker und Kulturwissenschaftler auf der ganzen Welt. Sie symbolisieren die Verbindung einer alten Kultur mit ihren Göttern, Ahnen und Helden und reflektieren eine Weltanschauung, die das Leben als ein Netz von

Kräften und Schicksalen verstand, in das jeder Mensch eingebunden war. Runen verkörperten mehr als eine Schrift – sie waren Schlüssel zu einer Welt voller Geheimnisse und Zeichen, die den Menschen mit der Natur und den höheren Mächten verbanden.

Indem die Runenschrift die Stimmen und Erzählungen der Vorfahren in Form und Symbol festhielt, überdauerte sie die Jahrhunderte und hielt eine mystische Verbindung zur Vergangenheit aufrecht. In der modernen Welt sind die Runen zu einer Erinnerung an die spirituelle und kulturelle Tiefe der alten nordischen Völker geworden und bieten zugleich eine beeindruckende Perspektive auf die Vielfalt menschlicher Ausdrucksformen. Runen stehen somit als Symbol einer unvergänglichen Kultur und einer Schrift, die das kosmische Spiel von Schicksal und Freiheit in einer von Mythen und Göttern geprägten Welt widerspiegelt.

Die kyrillische Schrift

und das slawische Erbe

Die Entwicklung der kyrillischen Schrift und ihre Rolle im orthodoxen Christentum und in slawischen Sprachen

Die Entstehung der kyrillischen Schrift im 9. Jahrhundert markiert einen entscheidenden Wendepunkt in der kulturellen und religiösen Geschichte der slawischen Völker. Ursprünglich entwickelt, um das orthodoxe Christentum und die heiligen Schriften in die Sprachen der slawischen Bevölkerung zu übertragen, wurde die kyrillische Schrift bald zu einem mächtigen Instrument kultureller und religiöser Identität. Ihre Entwicklung und Verbreitung, geprägt von missionarischem Eifer und geopolitischen Interessen, verband die slawischen Völker über Jahrhunderte hinweg und ließ die Schrift zum Symbol eines gemeinsamen Erbes und einer eigenständigen Kultur im Osten Europas werden.

Die Anfänge der kyrillischen Schrift und die Mission von Kyrill und Method

Die Wurzeln der kyrillischen Schrift liegen tief im Herzen der Missionierungsbewegungen des oströmischen, später byzantinischen Reiches, das das Christentum mit einem klaren Ziel in die benachbarten Gebiete tragen wollte. Konstantinopel, das Zentrum der orthodoxen Christenheit, strebte danach, seinen

Glauben und seine kulturelle Vorherrschaft in den slawischen Raum auszuweiten. Die slawischen Stämme, die weite Teile Osteuropas bewohnten, sprachen eine Vielzahl verwandter Dialekte, doch eine schriftliche Kultur oder ein einheitliches Schriftsystem war kaum vorhanden. Der christliche Glaube bot nicht nur eine spirituelle, sondern auch eine kulturelle Orientierung – eine Botschaft, die von den Slawen empfänglich aufgenommen werden sollte.

Um die Missionierung erfolgreich zu gestalten, beauftragte das byzantinische Reich die Brüder Konstantin (später bekannt als Kyrill) und Method, die aus Thessaloniki stammten, mit der schwierigen Aufgabe, eine Schriftsprache für die Slawen zu entwickeln. Die beiden Brüder waren nicht nur tief im orthodoxen Glauben verwurzelt, sondern auch gebildete Gelehrte, die zahlreiche Sprachen und die kulturellen Gegebenheiten der slawischen Bevölkerung kannten. Ihre Arbeit führte zur Schöpfung einer ersten Schrift, des sogenannten glagolitischen Alphabets, das als Grundstein für die spätere kyrillische Schrift diente. Das Glagolitische Alphabet war innovativ und komplex, doch stellte es sich als schwer verständlich und schwerfällig in der praktischen Anwendung heraus.

Nach dem Tod von Kyrill und Method begannen ihre Schüler und Anhänger, das Schriftsystem weiterzuentwickeln und zu vereinfachen, was schließlich zur Entstehung der kyrillischen Schrift führte. Die kyrillische Schrift war nicht nur leichter erlernbar, sondern passte sich auch hervorragend an die slawischen Lautstrukturen an. Sie ermöglichte die klare und verständliche Übersetzung christlicher Texte und wurde bald zum Medium für religiöse Schriften, Gebete und Predigten.

Die Bedeutung der kyrillischen Schrift für das orthodoxe Christentum

Die kyrillische Schrift wurde mehr als nur ein Schriftsystem – sie wurde zum entscheidenden Werkzeug für die Verbreitung des orthodoxen Christentums. Anders als im lateinisch dominierten Westen, wo die Bibel und liturgische Texte ausschließlich auf Latein verfasst wurden, setzte die orthodoxe Kirche auf die Übersetzung heiliger Texte in die Volkssprachen. Dies ermöglichte nicht nur eine stärkere Verbreitung der christlichen Lehren, sondern auch eine tiefere Bindung der Gläubigen, die das Wort Gottes nun in ihrer eigenen Sprache lesen konnten. Die Slawen fühlten sich durch die kyrillische Schrift und die orthodoxe Liturgie eng mit dem Glauben und der byzantinischen Kirche verbunden, was sie in der Abgrenzung zum westlichen Christentum, das stark vom Papsttum in Rom beeinflusst wurde, stärkte.

Durch die Übersetzungen der Evangelien, Psalmen und anderer heiliger Schriften entstand eine Art religiöse Literatur, die sich über weite Teile des Ostens verbreitete. Besonders in Regionen wie Bulgarien, Serbien und dem Großfürstentum Kiew fand das Christentum in der kyrillischen Schrift eine Heimstatt, die zugleich religiöses wie kulturelles Erbe wurde. Die Schrift schuf eine gemeinsame geistige Grundlage, auf der die orthodoxe Kirche eine eigenständige Kultur entfalten konnte, die weder von Rom noch von den westlichen Einflüssen abhängig war. Diese Unabhängigkeit der Orthodoxie und ihre Identifikation mit der kyrillischen Schrift trugen zur Ausbildung eines starken Selbstbewusstseins in den slawischen Ländern bei.

Die kyrillische Schrift als Medium der Bildung und des kulturellen Erbes

Mit der Verbreitung der kyrillischen Schrift entstand eine reiche und facettenreiche Literaturlandschaft, die das religiöse und intellektuelle Leben der slawischen Völker bereicherte. Klöster und Kirchen entwickelten sich zu Zentren der Bildung, in denen Mönche und Gelehrte Manuskripte kopierten und religiöse wie auch philosophische Texte verfassten. Die Schrift ermöglichte es, wichtige historische und theologische Werke zu bewahren, die das Wissen und die kulturelle Identität der slawischen Völker über Jahrhunderte hinweg festigten.

Die kyrillische Schrift half nicht nur, den Glauben in der Bevölkerung zu verwurzeln, sondern auch ein nationales Bewusstsein zu fördern. Sie wurde zum Inbegriff slawischer Identität und wurde von den herrschenden Schichten und der Kirche gleichermaßen gefördert. Besonders im mittelalterlichen Bulgarien und später in Russland wurde die kyrillische Schrift zu einem Symbol der nationalen Eigenständigkeit und kulturellen Stärke. Ihre Verwendung prägte nicht nur religiöse Texte, sondern auch die säkulare Literatur, von der Dichtkunst bis hin zur Geschichtsschreibung.

Die Rolle der kyrillischen Schrift im russischen Zarenreich und ihre Anpassungen

Mit der Ausweitung des Einflusses der orthodoxen Kirche auf das russische Zarenreich gewann die kyrillische Schrift eine immer größere Bedeutung. Unter den Herrschern von Kiewer Rus' und später unter den russischen Zaren wurde die kyrillische Schrift nicht nur als religiöses Symbol verstanden, sondern auch als Instrument zur Vereinheitlichung und Stärkung des Reiches. Besonders unter Peter dem Großen, der bestrebt war, Russland zu modernisieren und näher an die westliche Welt heranzuführen, erfuhr die kyrillische Schrift eine Reform und Anpassung. Peter ließ die kyrillischen Zeichen vereinfachen und führte druckfähige Buchstaben ein, die sich an der lateinischen Typografie orientierten. Die Reform zielte darauf ab, das Schriftsystem für moderne Anwendungen, etwa in der Wissenschaft und Verwaltung, zugänglicher zu machen.

Dennoch blieb die kyrillische Schrift auch nach Peters Reform ein Symbol der kulturellen Identität. Während in Europa die lateinische Schrift als universelles Zeichen der Schriftkultur galt, hielt Russland und die orthodoxe Welt an der kyrillischen Schrift fest und etablierte sie damit als Markenzeichen der slawischen Kultur und Identität.

Die kyrillische Schrift in der Moderne und ihre kulturelle Bedeutung

Die kyrillische Schrift hat bis heute ihren besonderen Platz im kulturellen Bewusstsein der slawischen Völker behalten. Sie wird in einer Vielzahl von Ländern, darunter Russland, Bulgarien, Serbien und vielen weiteren osteuropäischen Staaten, verwendet und bildet nach wie vor das Fundament für die nationale Identität und kulturelle Eigenständigkeit dieser Länder. Die kyrillische Schrift steht symbolisch für ein Erbe, das von den Missionaren Kyrill und Method geprägt und von der orthodoxen Kirche geformt wurde. In vielen dieser Länder wird die Entwicklung der kyrillischen Schrift bis heute als kultureller Schatz und Symbol der Unabhängigkeit bewahrt und gefeiert.

Die kyrillische Schrift, die einst als Hilfsmittel der Missionierung begann, ist heute eine Brücke zwischen Vergangenheit und Gegenwart. Sie spiegelt die lange Geschichte des orthodoxen Christentums und die tief verwurzelte kulturelle Identität der slawischen Völker wider. Sie ist weit mehr als ein Schriftsystem – sie ist das Erbe einer Kultur, die über Jahrhunderte hinweg eine eigene Sprache und einen eigenen Glauben in Zeichen verwandelte, die bis heute von Millionen Menschen gelesen und geschrieben werden.

Die Erfindung des Buchdrucks und die Verbreitung des Alphabets

Der Buchdruck als technologische Revolution und seine Bedeutung für die Verbreitung der Alphabet-Schrift

Mit der Erfindung des Buchdrucks in der Mitte des 15. Jahrhunderts durch Johannes Gutenberg brach eine neue Ära der Alphabet-Schrift und des Wissens an. Diese Innovation stellte eine Revolution dar, deren Ausmaß weit über den rein technologischen Fortschritt hinausging. Der Buchdruck eröffnete der Alphabet-Schrift eine Reichweite, die zuvor kaum denkbar war. Aus einer mühseligen Handarbeit wurde ein systematischer und produktiver Prozess, der Wissen für breite Bevölkerungsschichten zugänglich machte. Die Erfindung des Buchdrucks revolutionierte die Art und Weise, wie Menschen Informationen erhielten, Bildung erfuhren und Gesellschaften sich organisierten. Eine neue Zeit des Wissens, der Religion und der kulturellen Vielfalt begann.

Die Technik des Buchdrucks:

Eine Wende in der Herstellung von Texten

Bevor der Buchdruck aufkam, waren Bücher kostbare und rare Besitztümer, die in Klöstern und spezialisierten Schreibstuben von Hand geschrieben und vervielfältigt wurden. Die Herstellung eines einzelnen Buches erforderte Monate oder gar Jahre intensiver Arbeit und war ein kostspieliges Unterfangen, das nur wenigen Auserwählten zugänglich war. Der Zugang zu Wissen und Literatur war somit auf die oberen Schichten beschränkt, und die Alphabet-Schrift war ein exklusives Gut. Mit der Erfindung des Buchdrucks veränderte sich dieser Zustand grundlegend.

Gutenbergs bahnbrechender Fortschritt bestand in der Entwicklung beweglicher Metalllettern, die es ermöglichten, ganze Seitenlayouts zu setzen und wiederzuverwenden. Diese Technik der ›beweglichen Lettern‹ war die Grundlage für den schnellen und reproduzierbaren Druck von Texten. Der Einsatz einer Druckerpresse sorgte für die schnelle Herstellung von Schriftseiten, die durch Farbe auf Papier gedruckt wurden. Der Prozess verkürzte die Zeit für die Produktion eines Buches und senkte die Herstellungskosten dramatisch. Nun konnten Bücher in hoher Stückzahl gedruckt werden, und das Wissen verbreitete sich in einem bis dato ungekannten Tempo. Die Alphabet-Schrift begann, eine Rolle in der Verbreitung universellen Wissens zu spielen.

Die Verbreitung des Wissens:

Alphabet-Schrift und Bildung für die Massen

Die Alphabet-Schrift, die mit dem Buchdruck nun in alle Winkel Europas drang, machte Texte zugänglich, die einst nur einem kleinen Kreis vorbehalten waren. Eine neue Form von Öffentlichkeit entstand, die auf den Austausch von Ideen und den Zugang zu Literatur und Wissenschaft basierte. Schulen und Universitäten erkannten rasch das Potenzial dieser Erfindung. Bildung wurde für immer breitere Schichten möglich, da gedruckte Texte und Lehrbücher schneller verfügbar und erschwinglicher waren. Besonders die Alphabet-Schrift bot für die Bildung den Vorteil der einfachen Lese- und Lernbarkeit, sodass immer mehr Menschen in der Lage waren, Texte zu verstehen.

Bald verbreiteten sich wissenschaftliche, religiöse und literarische Werke, die das Denken und die Bildung eines ganzen Kontinents veränderten. Wichtige wissenschaftliche Werke der Antike, die lange verborgen oder nur vereinzelt zugänglich waren, gelangten durch den Buchdruck in die Hände von Gelehrten und Bürgern. Mit der Alphabet-Schrift als Mittel der Wissensverbreitung wuchsen Universitäten und Akademien heran, und die Gesellschaft veränderte sich. Aus einer Welt, in der die Schrift einer Elite vorbehalten war, entstand eine Bildungsbewegung, die zunehmend demokratische Züge annahm.

Die Reformation und der Buchdruck:

Religion im Spiegel der Alphabet-Schrift

Der Buchdruck ermöglichte nicht nur die Verbreitung wissenschaftlicher Werke, sondern spielte auch eine zentrale Rolle in der religiösen Landschaft Europas. Die Reformation, die im 16. Jahrhundert begann, wäre ohne die Verfügbarkeit gedruckter Bibeln und theologischer Schriften undenkbar gewesen. Martin Luther, der mit seiner Kritik an der katholischen Kirche und seiner Forderung nach direktem Zugang der Gläubigen zu den heiligen Schriften die Reformation auslöste, erkannte das Potenzial des Buchdrucks sofort. Seine Schriften verbreiteten sich durch die Druckpresse rasch über die gesamte Region und waren für breite Bevölkerungsschichten zugänglich, was die Alphabet-Schrift zu einem Instrument der religiösen Erneuerung machte.

Die Alphabet-Schrift ermöglichte es nun allen Gläubigen, die Bibel und andere religiöse Texte zu lesen und zu interpretieren, anstatt auf die Vermittlung durch Priester angewiesen zu sein. So wurde das Lesen von religiösen Texten für die individuelle Glaubenspraxis zentral und verlieh der Alphabet-Schrift eine neue Bedeutung. Die geistliche Autonomie führte zu einer Welle neuer Interpretationen und einem regen religiösen Diskurs, der durch den Buchdruck befeuert wurde. Der Buchdruck brachte nicht nur den Glauben, sondern auch das Streben nach religiöser Selbstbestimmung voran, das sich zunehmend als Teil der persönlichen Identität der Menschen etablierte.

Die Alphabet-Schrift als Mittel zur Schaffung nationaler Identität

In den Jahrzehnten nach der Erfindung des Buchdrucks verbreitete sich die Alphabet-Schrift in vielen Landessprachen Europas, was die kulturelle Identität vieler Nationen stärkte. Während zuvor Latein als Universalsprache der Gelehrten und Theologen gedient hatte, ermöglichte der Buchdruck eine regionale und sprachliche Diversifikation der Alphabet-Schrift.

Nationalsprachen wie Deutsch, Französisch, Englisch und Spanisch wurden zu Schriftsprachen, die nun breite Bevölkerungsschichten erreichten.

Der Buchdruck war nicht nur eine technologische Neuerung, sondern auch ein kultureller Impuls. Die Alphabet-Schrift begann, die Nationalsprachen zu formen und standardisierte Orthographien zu etablieren. So wurde die Alphabet-Schrift ein zentrales Element nationaler Identität, und literarische Werke, die in diesen Schriften erschienen, prägten die Kultur und das Bewusstsein ganzer Völker. Literarische Werke, die das Denken und die Wertvorstellungen der Zeit widerspiegelten, verbreiteten sich mit einer neuen Reichweite und ließen die Alphabet-Schrift zum kulturellen Erbe Europas werden.

Die Erfindung des Buchdrucks und der Aufbruch in eine neue Wissenskultur

Mit der Verbreitung der Alphabet-Schrift durch den Buchdruck entstand in Europa eine neue Wissenskultur, die den Beginn der Aufklärung vorbereitete. Bücher über Mathematik, Naturwissenschaften und Philosophie wurden in einem Tempo veröffentlicht, das zuvor unvorstellbar war. Gelehrte wie Kopernikus, Galileo und später Newton konnten ihre Erkenntnisse in gedruckter Form verbreiten, wodurch die Alphabet-Schrift zur Trägerin wissenschaftlicher Revolutionen wurde. Das Buch wurde zum Fenster in die Welt, und durch die Alphabet-Schrift gelangte dieses Fenster in nahezu jedes Haus.

Der Buchdruck machte es möglich, dass das Wissen nicht mehr verloren ging oder sich nur in abgeschotteten Kreisen verbreitete, sondern dass es allen zugänglich war. Diese Veränderung bildete den Grundstein der modernen Wissensgesellschaft, in der Informationen für viele Menschen erreichbar wurden. Die Alphabet-Schrift diente nun als universales System, das komplexe Gedanken und Entdeckungen ausdrucken konnte. Mit der breiten Verfügbarkeit gedruckter Bücher entstand das Fundament für eine neue Gesellschaft, die das Alphabet als Medium der Vernunft und Wissenschaft zelebrierte.

Die langanhaltende Bedeutung des Buchdrucks für die Alphabet-Schrift

Die Erfindung des Buchdrucks markierte den Anfang einer neuen Epoche der Alphabet-Schrift. Bücher wurden nicht nur zur Wissensquelle, sondern zur Inspiration und Reflexion. Sie prägten das Denken, das Empfinden und die kollektive Vorstellungskraft ganzer Kulturen. Die Alphabet-Schrift wurde durch den Buchdruck zur Grundlage moderner Bildung, die sich über Kontinente und Jahrhunderte hinweg verbreitete. Aus dieser Schrift entwickelte sich eine universelle Sprache des Wissens, die weder Grenzen noch soziale Klassen kannte.

Bis heute hat der Buchdruck eine unauslöschliche Spur hinterlassen. Die Alphabet-Schrift ist durch die Verbreitung gedruckter Bücher in fast jeden Winkel der Welt gelangt und hat die Weltgeschichte nachhaltig geprägt. Der Buchdruck hat das Lesen und Schreiben demokratisiert und den Grundstein für moderne Gesellschaften gelegt, die auf Bildung, Forschung und kulturellem Austausch beruhen. Die Alphabet-Schrift ist in eine Vielzahl von Formaten und Medien übergegangen, aber ihre Bedeutung und Tragweite, die mit Gutenbergs Erfindung begann, bleiben eine der größten kulturellen Errungenschaften der Menschheitsgeschichte.

Die Entwicklung diakritischer Zeichen in europäischen Schriften

Die Einführung von Umlauten und diakritischen Zeichen und ihre Bedeutung für die präzise Darstellung von Sprachen

Mit der Verbreitung der Alphabet-Schrift in Europa und der wachsenden Notwendigkeit, eine Vielzahl von Sprachen, Dialekten und Lauten präzise darzustellen, entstand das Bedürfnis nach einer Erweiterung des lateinischen Alphabets. Es war ein Prozess, der nicht nur die Sprachwissenschaft, sondern auch die Kultur- und Literaturgeschichte Europas nachhaltig beeinflusste. Die Einführung von Umlauten und diakritischen Zeichen wie Akzenten, Häkchen und Strichen wurde zu einem entscheidenden Schritt, um den Facettenreichtum europäischer Sprachen verständlich und schriftlich festzuhalten. Die diakritischen Zeichen – oftmals klein, doch von großer Wirkung – spielten eine fundamentale Rolle in der Weiterentwicklung europäischer Schriftsysteme und haben das Erscheinungsbild und die Verständlichkeit von Sprachen bis heute entscheidend geprägt.

Die Herausforderung der Lautvielfalt:

Warum diakritische Zeichen notwendig wurden

Das lateinische Alphabet, das von den Römern über weite Teile Europas verbreitet wurde, stieß bald an seine Grenzen. Ursprünglich für die lateinische Sprache entwickelt, war es ideal für eine Sprache, die keine besonderen Zeichen für Betonung oder besondere Lautgruppen benötigte. Doch im Laufe der Jahrhunderte breitete sich das Alphabet über Sprachräume aus, die völlig andere Klangwelten umfassten. Jede Region, sei es im Norden, Osten oder Westen des Kontinents, brachte eigene Dialekte und Sprachbesonderheiten mit sich, und das lateinische Alphabet, das lediglich eine begrenzte Anzahl an Zeichen enthielt, erwies sich als zu simpel.

Einige europäische Sprachen, wie das Deutsche und das Französische, verlangten nach Möglichkeiten, um differenzierte Lautqualitäten, Betonungen und spezielle Klänge schriftlich festzuhalten. Eine exakte Aussprache und korrekte Verständlichkeit erforderten Symbole, die dem Leser oder Sprecher eindeutig signalisieren, wie ein bestimmtes Wort zu lesen war. Gerade in Sprachen mit einer Vielzahl von Vokallauten und spezifischen Konsonanten, die im Lateinischen nicht vorkamen, zeigte sich die Notwendigkeit einer Schriftanpassung durch diakritische Zeichen. Dies führte zur Entwicklung von Akzenten, Umlauten und anderen diakritischen Zeichen, die fortan ein wichtiger Bestandteil europäischer Alphabetschriften wurden.

Die Einführung der Akzente im Französischen:

Von Betonung zu Bedeutung

Frankreich, eines der ersten Länder, das die diakritischen Zeichen in die Schriftsprache integrierte, entwickelte eine Vielfalt von Akzenten, die sowohl die Aussprache als auch die Bedeutung von Wörtern beeinflussen. Die Akzente aigus (é), graves (è) und circonflexes (ê) halfen dabei, Vokale zu spezifizieren und zwischen sonst homophonen Wörtern zu unterscheiden. Der Akzent aigu, der beispielsweise den Buchstaben ›e‹ zu einem schärferen Laut macht, veränderte die Aussprache von ›é‹ im Gegensatz zu einem offenen ›è‹. Der circonflexe, der manchmal auf lange Vokale hinweist, erfüllte anfangs jedoch auch einen etymologischen Zweck: Oftmals deutete er auf einen verlorengegangenen Laut hin, etwa wenn ›hôpital‹ vom lateinischen ›hospitalis‹ abstammte.

Die Akzente waren also nicht nur ein phonologisches Werkzeug, sondern wurden Teil eines kulturellen Erbes, das sich in der Sprache und den literarischen Werken Frankreichs widerspiegelte. Sie verliehen der französischen Schrift eine spezifische Struktur, die es ermöglichte, sprachliche Nuancen aufzuzeigen und die musikalische Qualität der Sprache festzuhalten. Der Einsatz diakritischer Zeichen im Französischen zeigt anschaulich, wie eine Sprache durch kleine, aber bedeutungsvolle Zeichen an Ausdruckskraft und Differenzierung gewinnen konnte.

Die Entwicklung der Umlaute im Deutschen:

Klänge des Nordens

Auch im Deutschen wurde die Notwendigkeit der Differenzierung bestimmter Laute durch diakritische Zeichen offensichtlich. Besonders im Deutschen erwies sich der Umlaut als eine bedeutende Innovation. Die Vokale ›a‹, ›o‹ und ›u‹ erhielten durch die beiden kleinen Punkte – die sogenannten Umlaute – eine phonetische Verwandlung. Aus ›a‹ wurde ›ä‹, aus ›o‹ ein ›ö‹ und aus ›u‹ ein ›ü‹. Diese veränderten Laute hatten eine eigene Klangqualität und standen für eigene Bedeutungen. Der Umlaut ermöglichte es, morphologische und lexikalische Unterschiede darzustellen, wie etwa zwischen ›Mutter‹ und ›Mütter‹ oder ›Buch‹ und ›Bücher‹.

Historisch gesehen leitet sich der Umlaut von einer orthographischen Praxis ab, bei der ein kleines ›e‹ über die Vokale gesetzt wurde, um auf eine Veränderung hinzuweisen. Später entwickelte sich daraus die heutige Form mit den zwei Punkten. Diese Erweiterung des deutschen Alphabets trug wesentlich zur Vielfalt und Klarheit der Sprache bei. Die Umlaute boten eine Lösung für den Reichtum an Lauten und machten die Schrift flexibler und anpassungsfähiger. Sie zeugen davon, wie sich die Schrift im Laufe der Zeit veränderte, um den Anforderungen der gesprochenen Sprache gerecht zu werden, und wie diakritische Zeichen dazu beitrugen, die Struktur und Identität der Sprache zu bewahren.

Skandinavische Zeichen:

Å, Ø und die Sprache des Nordens

Im hohen Norden Europas gingen die skandinavischen Länder noch einen Schritt weiter. In Sprachen wie Schwedisch, Norwegisch und Dänisch kamen neue Buchstaben wie ›Å‹, ›Ø‹ und ›Æ‹ hinzu. Diese Buchstaben, die oft als Teil des Alphabets selbst betrachtet werden, fungieren in ähnlicher Weise wie diakritische Zeichen. Sie sind jedoch fest in die Schriftsysteme integriert und stehen für Laute, die im Lateinischen keine Entsprechung finden. Das ›Å‹ etwa entwickelte sich aus einem ›A‹ mit kleinem ›o‹ darüber und wird als eigener Laut betrachtet, ebenso wie ›Ø‹ und ›Æ‹. Diese speziellen Buchstaben wurden eingeführt, um Laute zu kodieren, die dem skandinavischen Sprachklang entsprechen, und zeigen, wie sich die Schrift flexibel an die Anforderungen der gesprochenen Sprache anpassen kann.

In Skandinavien sind diakritische Zeichen und spezielle Buchstaben Ausdruck eines eigenständigen sprachlichen Bewusstseins und zeugen von der Bemühung, die mündliche Sprache schriftlich festzuhalten. Besonders das ›Å‹ und das ›Ø‹ repräsentieren wichtige Elemente der nördlichen Sprachen und haben sich als kulturelle Identifikationsmerkmale etabliert. Wie bei den Umlauten und Akzenten in anderen Sprachen zeigen sie die enge Verbindung zwischen Schrift und kultureller Identität.

Diakritische Zeichen und die Präzision der Alphabet-Schrift

Diakritische Zeichen haben sich in europäischen Schriftsystemen als unverzichtbar erwiesen, um den besonderen Anforderungen der verschiedenen Sprachen gerecht zu werden. Sie sind mehr als nur kleine Anhängsel an Buchstaben; sie sind essenzielle Hilfsmittel, die der Schrift eine Präzision und Ausdruckskraft verleihen, die über das ursprüngliche lateinische Alphabet hinausgeht. In vielen Sprachen haben diese Zeichen dabei geholfen, Laute zu fixieren und Bedeutungsnuancen zu verdeutlichen, die andernfalls verloren gegangen wären. Sie sind Zeichen einer Entwicklung, die zeigt, wie flexibel und anpassungsfähig die Alphabet-Schrift sein kann, wenn sie auf die Bedürfnisse einer Sprache eingeht.

In modernen europäischen Sprachen sind die diakritischen Zeichen fest etabliert und dienen oft als Kennzeichen sprachlicher Identität und kulturellen Erbes. Sie verbinden die Vergangenheit mit der Gegenwart und geben der Alphabet-Schrift eine Tiefe, die weit über die bloße Darstellung von Wörtern hinausgeht. Die Einführung und Entwicklung diakritischer Zeichen in den europäischen Schriften war ein bedeutender Schritt, um den reichen sprachlichen Ausdruck der europäischen Kulturen in der Schrift zu bewahren.

Kolonialismus und die Anpassung indigener Sprachen an Alphabetschriften

Die Anpassung indigener Sprachen an Alphabetschriften und die oft zwiespältigen Folgen der Kolonialisierung

Mit der Expansion europäischer Kolonialmächte im 15. Jahrhundert begann eine Zeit tiefgreifender kultureller Transformationen und oft gewaltsamer Umgestaltungen, die indigene Kulturen weltweit nachhaltig beeinflussten. Eine der sichtbarsten Formen dieser Veränderung war die Einführung der lateinischen Schrift und die erzwungene Anpassung indigener Sprachen an das Alphabet. Diese Übertragung in alphabetische Schriftsysteme bedeutete für viele indigene Völker nicht nur eine Umstellung ihrer sprachlichen Ausdrucksformen, sondern oft auch eine tiefgreifende Veränderung ihrer kulturellen Identität und spirituellen Traditionen. Dabei diente die Anpassung indigener Sprachen an Alphabetschriften häufig vor allem den Interessen der Kolonialmächte und der christlichen Missionare und führte nicht selten zu einem Verlust von Bedeutungsnuancen und sprachlichen Besonderheiten, die zuvor tief im kulturellen Bewusstsein der Völker verwurzelt waren.

Die Transformation der Sprache als Werkzeug der Macht

Die Anpassung indigener Sprachen an das lateinische Alphabet wurde in vielen Fällen vor allem von Missionaren vorangetrieben, die es als ihre Aufgabe sahen, die indigene Bevölkerung zum Christentum zu bekehren und ihnen europäische Werte zu vermitteln. Dabei fungierte die Übersetzung biblischer Texte als zentrales Werkzeug dieser Mission. Die Übertragung indigener Sprachen in alphabetische Schriften stellte Missionare jedoch vor große Herausforderungen: Viele Sprachen enthielten Laute und grammatikalische Strukturen, für die das lateinische Alphabet keine Entsprechungen besaß. Zudem waren viele dieser Sprachen in ihrer Originalform mündlich überliefert und in komplexe kulturelle und rituelle Kontexte eingebettet.

Die europäische Kolonialverwaltung und die Missionare nahmen daher oft Anpassungen und Vereinfachungen vor, um die fremden Sprachen in das ihnen bekannte System des Alphabets zu zwängen. Die Implementierung eines Alphabets diente dabei nicht nur dem Ziel, Kommunikation zu erleichtern, sondern sollte zugleich eine Form von Kontrolle und Einheitsstruktur schaffen, die den Kolonialmächten zugutekam. Die Einführung des Alphabets bedeutete daher auch eine Umdeutung von Sprachtraditionen und Symbolwelten, die zuvor nur mündlich und in kulturellen Praktiken weitergegeben wurden. Schriftliche Fixierung und Alphabetisierung waren hier zugleich Machtinstrumente, die über Sprache hinaus Einfluss auf gesellschaftliche Strukturen und das Selbstverständnis ganzer Völker nahmen.

Die Mission der Sprache:

Ein Kampf zwischen Erhaltung und Verdrängung

Während Missionare und Kolonialherren die Anpassung an das lateinische Alphabet als Fortschritt ansahen, war dieser Prozess aus der Sicht vieler indigener Gemeinschaften von Verlust und Verdrängung geprägt. Die Einführung des Alphabets griff tief in das kulturelle Gefüge ein und stellte eine Bedrohung für die traditionellen Kommunikationsformen dar. Das mündliche Erzählen und die orale Überlieferung standen im Mittelpunkt zahlreicher indigener Kulturen und waren eng verbunden mit dem Rhythmus des Lebens, der Natur und der spirituellen Dimension. Mythen, Legenden und Wissen wurden oft in Form von Geschichten, Liedern und Ritualen übermittelt, deren Bedeutung weit über die bloße Information hinausging und eine spirituelle und gemeinschaftsstiftende Funktion hatte.

Mit der schriftlichen Fixierung durch das Alphabet verloren viele dieser mündlichen Traditionen an Relevanz und Authentizität. Die Sprache wurde einer Norm unterworfen, die den dynamischen Charakter vieler indigener Sprachen nicht abbilden konnte. Einmal auf das Papier gebannt, verloren Worte und Begriffe häufig ihre ursprüngliche Kraft und ihren symbolischen Gehalt. Die neue Schriftkultur veränderte nicht nur die Art und Weise, wie die Sprache genutzt wurde, sondern auch, wie die Kultur selbst sich definierte. Die oft kunstvolle und bildhafte Bedeutung, die in der mündlichen Überlieferung lebendig war, ließ sich nicht in die reduzierten Symbole des Alphabets übersetzen. So wurde der schriftliche Ausdruck in vielen Fällen zu einem Schatten der ursprünglichen Sprache und veränderte die Weltbilder und Werte der indigenen Gemeinschaften.

Die zweischneidige Rolle des Alphabets:

Fortschritt und Verlust

Die Einführung der Alphabet-Schrift in indigenen Kulturen war jedoch nicht nur ein Instrument der Unterdrückung und Assimilation. Für einige Völker bedeutete das neue Schriftsystem auch eine Möglichkeit, das eigene Wissen und kulturelle Erbe zu bewahren, das andernfalls im Zuge des Kolonialismus verloren gegangen wäre. Das Alphabet bot eine Form, in der Geschichte, Traditionen und das Wissen der Ahnen schriftlich festgehalten werden konnten und somit dem Zugriff der Kolonialherren ein Stück weit entzogen wurden. Einige indigene Gelehrte erkannten in der Schrift eine Chance, das eigene kulturelle Erbe zu schützen und für zukünftige Generationen zu bewahren.

In einigen Regionen wurden indigene Sprachen erfolgreich in das lateinische Alphabet übertragen und sind bis heute in schriftlicher Form erhalten. In anderen Fällen jedoch, wie bei den vielen Sprachen Nord- und Südamerikas oder den vielfältigen Dialekten des afrikanischen Kontinents, ging ein erheblicher Teil des sprachlichen und kulturellen Wissens verloren. Die Anpassung an das Alphabet war daher stets ein ambivalenter Prozess: Während es einigen Gemeinschaften gelang, ihre

Sprache in die neue Schrift zu übertragen und ihre kulturelle Identität zu bewahren, führte dieselbe Anpassung in anderen Kulturen zu einem schmerzhaften Verlust an kultureller Tiefe und Vielfalt.

Die andauernden Folgen für Sprache und Identität

Die Anpassung indigener Sprachen an das lateinische Alphabet hatte oft tiefgreifende und langfristige Auswirkungen auf das Selbstverständnis und die Identität der betroffenen Völker. Viele indigene Kulturen verloren nicht nur ihre traditionelle Ausdrucksweise, sondern auch das Gefühl der Kontinuität und der Verbundenheit mit den Vorfahren, die durch die mündliche Überlieferung aufrechterhalten worden war. Die Alphabetisierung durch Kolonialmächte brachte zudem ein Bildungssystem mit sich, das auf den Werten und Normen der Kolonialherren basierte und die indigene Bevölkerung in die Kultur der Kolonialmacht zu integrieren versuchte.

Noch heute sind die Spuren des Kolonialismus in den Sprachstrukturen vieler indigener Gemeinschaften sichtbar. Die Sprachen wurden nicht nur an das Alphabet angepasst, sondern vielfach auch durch die Übernahme europäischer Begriffe und Redewendungen verändert. Die Struktur, die Bedeutungen und die kulturellen Bezüge der Sprache sind oft tief geprägt von der kolonialen Vergangenheit. Die Erzählungen, die auf diese Weise verändert wurden, spiegeln nicht mehr nur die indigene Welt wider, sondern tragen auch die Einflüsse der Kolonialmacht in sich. Dies zeigt sich besonders in ehemaligen Kolonien, wo die indigene Sprache nur noch als Rest oder in stark veränderter

Form existiert und als kulturelles Erbe in einer neuen Realität überleben muss.

Die Rückbesinnung auf die sprachliche Vielfalt und das Erbe der Schrift

In den letzten Jahrzehnten hat sich ein verstärktes Bewusstsein für die Bedeutung indigener Sprachen und die Notwendigkeit ihrer Erhaltung und Revitalisierung entwickelt. Zahlreiche indigene Gemeinschaften und kulturelle Organisationen setzen sich weltweit dafür ein, ihre Sprachen zu dokumentieren und wiederzubeleben. In einigen Fällen wird das lateinische Alphabet dafür weiterhin genutzt, oft jedoch in veränderter Form, die der ursprünglichen Klangwelt und Grammatik der Sprache besser gerecht wird. Gleichzeitig wird die Rückbesinnung auf die mündliche Tradition und die Wiederbelebung ritueller Sprachformen angestrebt, um die verlorene Verbindung zur eigenen Geschichte und Kultur wiederherzustellen.

Der Kolonialismus und die Anpassung indigener Sprachen an Alphabetschriften hinterließen eine komplexe und oft widersprüchliche Erbschaft. Einerseits ermöglichte das Alphabet eine schriftliche Fixierung und Verbreitung der Sprache, andererseits führte es zur Verdrängung und Verarmung indigener Kulturen. In der heutigen Zeit versuchen viele Gemeinschaften, ihre Sprache als Teil ihrer Identität und als Widerstand gegen die historische Unterdrückung zu bewahren und wieder neu zu entdecken. In diesem Licht betrachtet wird die Schrift zu einem Werkzeug der kulturellen Selbstbehauptung und der

Erneuerung – ein Zeichen dafür, dass das Alphabet, einst Instrument der Kolonialisierung, auch zur Brücke zwischen Vergangenheit und Gegenwart werden kann.

Reformen des deutschen Alphabets

Die Einführung des ›ß‹

Die Entstehung des ›ß‹ und die Besonderheiten des deutschen Alphabets durch Sprachreformen

In der Geschichte des deutschen Alphabets gibt es wohl kaum ein Zeichen, das so viel Debatte und Faszination hervorgerufen hat wie das ›ß‹. Dieses Zeichen, auch ›Eszett‹ oder ›scharfes S‹ genannt, ist nicht nur einzigartig in der deutschen Schrift, sondern ein Symbol für die Besonderheiten und die stetige Entwicklung der deutschen Sprache. Seine Entstehung, Verwendung und die Reformen, die seine Rolle und Erscheinung geprägt haben, bieten einen faszinierenden Einblick in die sprachlichen und kulturellen Eigenheiten des deutschen Sprachraums.

Die Ursprünge des ›ß‹ — Vom Ligaturzeichen zum festen Bestandteil der Schrift

Die Entstehung des ›ß‹ geht weit zurück in die Zeit, als das deutsche Schriftsystem vorwiegend auf gebrochenen Schriften wie der Schwabacher und der Fraktur basierte. Ursprünglich war das ›ß‹ eine Ligatur, eine Verschmelzung zweier Buchstaben zu einem neuen Zeichen. Diese Technik diente dazu, den Lesefluss zu verbessern und bestimmte Lautkombinationen besonders hervorzuheben. Das ›ß‹ entstand als eine Ligatur aus den Buchstaben s‹ und ›z‹ oder aus einem doppelten ›s‹, wobei das lange ›ſ‹ und das runde ›s‹ kombiniert wurden. Solche Ligaturen waren in den gebrochenen Schriften alltäglich und gaben der deutschen Schrift eine markante ästhetische und funktionale Struktur.

Im Laufe der Zeit wurde diese Ligatur zunehmend als eigenständiges Zeichen angesehen und spielte eine immer größere Rolle im deutschen Schriftsystem. Besonders in Wörtern, die auf einem langen Vokal oder Diphtong endeten, wie in ›Straße‹ oder ›heißen‹, fand das ›ß‹ seine Anwendung. Es erfüllte eine wichtige Funktion, da es die Betonung und den Klang des Wortes auf visuelle Weise unterstrich. Während viele Ligaturen mit der Zeit wieder verschwanden oder durch reformierte Schreibweisen ersetzt wurden, hielt sich das ›ß‹ hartnäckig – es wurde zu einem festen Bestandteil der deutschen Sprache und zur einzigen Ligatur, die im Alphabet einen Platz als eigenständiger Buchstabe behauptete.

Sprachreformen und die offizielle Anerkennung des ›ß‹
Die erste größere Reform des deutschen Alphabets fand im späten 19. und frühen 20. Jahrhundert statt, als die Bemühungen zur Standardisierung der deutschen Rechtschreibung zunahmen. Diese Reformen hatten das Ziel, das Schriftsystem zu vereinfachen und an moderne Schreibgewohnheiten anzupassen. Mit der Einführung der ›Duden-Rechtschreibung‹ im Jahr 1901 wurde das ›ß‹ offiziell anerkannt und seine Verwendung festgelegt. Die Reform betonte die spezifischen Funktionen des Zeichens, vor allem als Ersatz für ›ss‹ in Wörtern, die einen langen Vokal oder Diphthong vor dieser Lautkombination hat-

ten. Dadurch erhielt das ›ß‹ eine klare Regelmäßigkeit in der deutschen Rechtschreibung.

Trotz dieser Festlegungen blieb das ›ß‹ ein umstrittenes Zeichen. Vor allem in der Schweiz, wo die deutsche Sprache ebenfalls weit verbreitet ist, wurde es schließlich ganz abgeschafft und durch ›ss‹ ersetzt. Hier spielte die Entscheidung für die lateinische Antiqua-Schrift eine Rolle, die das ›ß‹ nicht in ihrem Repertoire hatte. Die Abschaffung des Zeichens im Schweizer Hochdeutsch war eine pragmatische Entscheidung und spiegelt die flexible Anpassung sprachlicher Systeme an regionale Bedürfnisse wider. Dennoch blieb das ›ß‹ im deutschen Sprachraum erhalten und prägte weiterhin die deutsche Schriftkultur, insbesondere in Deutschland und Österreich, wo das Zeichen als charakteristisch und unersetzlich empfunden wurde.

Die Rechtschreibreform von 1996 und die Neudefinition des ›ß‹

Mit der deutschen Rechtschreibreform von 1996 kam es zu einer weiteren Klärung und Vereinfachung der Regeln für die Verwendung des ›ß‹. Die Reform legte fest, dass das ›ß‹ ausschließlich nach langen Vokalen und Diphthongen verwendet werden sollte, während nach kurzen Vokalen ›ss‹ zu schreiben war. Damit wurde die Schreibweise vieler Wörter eindeutiger und die Unsicherheiten, die in Bezug auf das ›ß‹ bestanden, wurden reduziert. Für das Bildungssystem und die allgemeine Bevölkerung brachte dies eine gewisse Erleichterung, da die Regeln klarer und konsistenter wurden.

Gleichzeitig war die Reform jedoch auch Anlass für Diskussionen und teilweise sogar Widerstände. Viele Menschen empfanden das ›ß‹ als festen Bestandteil ihrer Schriftsprache und befürchteten einen Verlust an Authentizität und Kultur durch die Änderung der Regeln. Die Reform verdeutlichte somit, wie stark das ›ß‹ als kulturelles Symbol und Identitätsmerkmal in der deutschen Sprache verankert ist.

Eine weitere Neuerung im Rahmen der Rechtschreibreform von 1996 war die offizielle Einführung des großen ›ß‹, das seit 2008 im deutschen Alphabet existiert. Diese Einführung war notwendig geworden, da zuvor bei der Großschreibung von Wörtern das ›ß‹ in der Regel zu ›SS‹ wurde, was zu Missverständnissen und Uneindeutigkeiten führen konnte, insbesondere in offiziellen Dokumenten und Eigennamen. Das große ›ß‹ bot eine Lösung für diese Problematik und wurde schrittweise in den typografischen Standards etabliert.

Das ›ß‹ als Symbol deutscher Eigenheit und Identität

Die Geschichte des ›ß‹ zeigt, wie tief Sprache und Kultur miteinander verbunden sind. Das ›ß‹ ist mehr als nur ein Buchstabe im deutschen Alphabet – es steht symbolisch für die Einzigartigkeit der deutschen Sprache und ihrer Entwicklung. In einer Zeit, in der viele Sprachen zunehmend vereinheitlicht und globalisiert werden, bleibt das ›ß‹ ein Zeichen der sprachlichen Eigenständigkeit und der Wertschätzung kultureller Vielfalt. Seine Erhaltung und die Reformen, die es betreffen, sind daher auch Ausdruck eines kulturellen Selbstverständnisses und eines Bewusstseins für die sprachliche Identität.

Die Einführung und spätere Festigung des ›ß‹ ist ein Beispiel dafür, wie Schriftsysteme lebendig bleiben und sich an die Bedürfnisse und Eigenheiten einer Sprache anpassen können, ohne ihre Authentizität zu verlieren. In Deutschland und Österreich wird das ›ß‹ heute als ein charakteristisches Merkmal der deutschen Sprache betrachtet und von vielen Menschen mit einer gewissen Zuneigung und Wertschätzung betrachtet. Es ist ein Buchstabe, der für die deutsche Sprache und Kultur eine besondere Bedeutung hat und als untrennbarer Bestandteil der Schrift gilt.

Die Zukunft des ›ß‹ – Wandel und Bewahrung

Obwohl das ›ß‹ im Zeitalter der Digitalisierung und Globalisierung manchmal als altmodisch oder kompliziert angesehen wird, bleibt es ein unverzichtbares Element der deutschen Schriftsprache. Die Weiterentwicklung technischer Standards und Schriftsysteme hat dazu geführt, dass das Zeichen auf internationaler Ebene anerkannter wurde und in den Zeichensätzen digitaler Geräte fest verankert ist. Dies ermöglicht es dem ›ß‹, auch in einer zunehmend vernetzten Welt als eigenständiges Zeichen der deutschen Sprache zu bestehen.

Die Einführung neuer Technologien und die Standardisierung digitaler Schriftsysteme werden weiterhin Einfluss auf die Entwicklung des ›ß‹ haben. Doch seine lange und bewegte Geschichte zeigt, dass dieses Zeichen ein besonders langlebiges und anpassungsfähiges Symbol deutscher Sprachgeschichte ist. So wird es vermutlich auch in der Zukunft eine Rolle spielen – als kleines, aber bedeutendes Zeichen in der langen Geschichte des deutschen Alphabets.

Schrift und Nationalismus

Der Einfluss von Schrift auf Identität

Analyse des Alphabets als kulturelles und nationales Symbol vom 18. bis 20. Jahrhundert

Die Geschichte des Alphabets ist nicht nur eine Geschichte der Kommunikation, sondern auch eine Geschichte der Identität. Vom 18. bis ins 20. Jahrhundert wurde die Schrift zu einem bedeutenden Symbol der nationalen und kulturellen Zugehörigkeit und fand ihren Platz in der Konstruktion und Verstärkung nationalistischer Bewegungen. In einer Zeit, in der der Gedanke nationaler Identität und Eigenständigkeit in Europa aufblühte und sich weltweit verbreitete, spielte die Schrift eine Schlüsselrolle – sie verkörperte nicht nur Sprache, sondern die kulturellen Werte, Traditionen und die kollektive Erinnerung eines Volkes. Dies zu verstehen, erfordert einen Blick auf die Geschichte des Nationalismus und die Art und Weise, wie das Alphabet zur Grundlage der nationalen Identitätsbildung wurde.

Die Entstehung des Nationalismus und der Kampf um kulturelle Eigenständigkeit

Mit der Aufklärung und dem Zeitalter der Vernunft entstand im 18. Jahrhundert ein neues Verständnis von Identität und Staatszugehörigkeit. Nationale Bewegungen formierten sich und begannen, sich von traditionellen Herrschaftssystemen abzugrenzen. Sprachen und ihre Schriftsysteme rückten in den Mittelpunkt dieser Bewegungen, da sie als Kernstücke der kulturellen und historischen Einzigartigkeit betrachtet wurden. Besonders in Europa wurde das Streben nach nationaler Eigenständigkeit oft auch zu einem Kampf um die Anerkennung und Förderung der eigenen Sprache und Schrift.

In diesem Kontext erlangte das Alphabet eine symbolische Bedeutung, die über die rein funktionale Ebene der Schrift hinausging. Es wurde zum Symbol für kulturelle Autonomie, Eigenständigkeit und den Widerstand gegen kulturelle Überfremdung. So entwickelten sich Schriftsysteme, die an die eigene Sprache angepasst wurden, und in manchen Fällen entstand sogar ein völlig neues Alphabet, das als Ausdruck nationaler Erneuerung und Selbstbehauptung diente. Das griechische und das kyrillische Alphabet sind Beispiele für solche Entwicklungen, wobei die nationalen Eliten die Bewahrung und Pflege ihrer Schriftsysteme als Akt des Widerstands gegen den kulturellen Einfluss fremder Großmächte begriffen.

Die romantische Verehrung des eigenen Alphabets

Im Zuge der Romantik, die im späten 18. und frühen 19. Jahrhundert Europa prägte, wurde das Alphabet selbst zu einem Symbol der kulturellen Einzigartigkeit. Die Romantik mit ihrem Fokus auf emotionale Tiefe, Geschichte und Kultur beförderte eine regelrechte Verehrung der eigenen Sprache und Schrift. Deutsche Intellektuelle wie Johann Gottfried Herder und die Brüder Grimm sahen in der Sprache eines Volkes den ›Geist der Nation‹ und betrachteten das Alphabet als Schlüsselinstrument zur Erhaltung und Vermittlung dieses Geistes. Sprache, so meinte man, sei das unverwechselbare Kennzeichen eines Volkes, das durch seine Geschichten, Mythen und Märchen in der kollektiven Erinnerung weiterlebt.

Diese Vorstellung beeinflusste auch die politischen Bewegungen dieser Zeit. Nationalisten und Gelehrte arbeiteten Hand in Hand, um das eigene Schriftsystem zu bewahren und zu feiern. In vielen europäischen Nationen wurden Sprachakademien gegründet, die sich der Pflege und Weiterentwicklung der eigenen Sprache und ihres Schriftsystems widmeten. Das Ziel war nicht nur die sprachliche, sondern auch die kulturelle Unabhängigkeit. Das Alphabet wurde zu einem Bollwerk gegen kulturelle Einflüsse und als Anker der nationalen Identität verstanden, den es zu verteidigen galt.

Schriftreformen und nationale Identitätsbildung im 19. und 20. Jahrhundert

Die Wellen nationalistischer Bewegungen im 19. und 20. Jahrhundert führten zu umfassenden Schriftreformen in verschiedenen Ländern. Besonders auffällig ist das Beispiel der Türkei, wo der Gründer der modernen türkischen Republik, Mustafa Kemal Atatürk, 1928 eine radikale Reform durchführte und das arabische Alphabet durch das lateinische ersetzte. Atatürk sah diese Reform als notwendig an, um die Türkei in das westliche Bildungssystem und die wissenschaftliche Welt zu integrieren und die nationale Identität neu zu formen. Durch die Einführung des lateinischen Alphabets wollte er nicht nur die Bildungs- und Lesefähigkeit der Bevölkerung erhöhen, sondern auch eine klare Abgrenzung von der osmanischen Vergangenheit und eine Hinwendung zu einer modernen, säkularen und ›westlichen‹ Türkei bewirken.

Ähnlich erging es anderen Nationen, die versuchten, ihre Schriften zu vereinheitlichen oder an ein westliches Alphabet anzupassen, um sich politisch und kulturell zu positionieren. Die Schriftreformen zielten darauf ab, ein Gefühl der Zusammengehörigkeit zu schaffen und eine nationale Identität zu etablieren, die in die Moderne passte. Dabei standen die Alphabetschriften stets im Mittelpunkt dieses Prozesses: Sie waren die sichtbaren und täglichen Erinnerungen an die nationale Zugehörigkeit und den gemeinsamen kulturellen Hintergrund.

Das Alphabet als Mittel zur Kontrolle und Assimilation

Doch die Rolle des Alphabets in der nationalen Identitätsbildung war nicht immer ein Akt der Selbstbestimmung; oft diente es auch als Mittel der Kontrolle und Assimilation. In den kolonialen Gebieten Europas, vor allem in Afrika und Asien, setzten die Kolonialmächte das lateinische Alphabet als Mittel zur kulturellen und sprachlichen Vereinheitlichung ein. Diese Praxis hatte oft eine verheerende Wirkung auf die lokalen Kulturen und Sprachen. Durch die Einführung des lateinischen Alphabets wurden indigene Schriftsysteme verdrängt oder gar ausgelöscht, und die einheimische Bevölkerung wurde gezwungen, ihre Identität durch eine fremde Sprache und Schrift neu zu definieren.

Das Alphabet wurde hier zu einem Symbol der Macht und kulturellen Unterwerfung. Die kolonialen Sprach- und Schriftpolitik veränderte die kulturelle Identität der Kolonialvölker grundlegend und hinterließ bis heute spürbare Spuren. Diese Veränderung hatte langfristige Auswirkungen: Die Einführung fremder Schriftsysteme und die damit verbundene Abwertung der einheimischen Sprachen führten zu einem Verlust an kultureller Authentizität und zu einer Spaltung innerhalb der Gesellschaften, die sich oft bis in die postkoloniale Zeit fortsetzte.

Die Rolle des Alphabets im modernen Nationalismus

Im 20. Jahrhundert, mit der Zunahme nationaler Unabhängigkeitsbewegungen und der Etablierung neuer Nationalstaaten, rückte das Alphabet erneut in den Mittelpunkt der Identitätsbildung. Nach dem Zweiten Weltkrieg entstanden zahlreiche neue Staaten, die sich von kolonialer Herrschaft befreit hatten und nun ihre eigene Identität und Kultur stärken wollten. Die Wahl des Alphabets wurde dabei zu einem wichtigen Schritt in der nationalen Identitätsfindung und Selbstbehauptung.

Für viele dieser neuen Staaten war das Alphabet ein Zeichen der Befreiung und des kulturellen Erbes, das sie pflegen wollten, oft in bewusster Abgrenzung zur Kolonialzeit. So entstanden neue Schriftsysteme oder alte, einheimische Schriften wurden wiederbelebt und modernisiert, um die nationalen Sprachen zu fördern und die eigene Identität zu stärken. Diese Rückbesinnung auf einheimische Schriftsysteme verdeutlichte die zentrale Rolle des Alphabets als Symbol der kulturellen

Identität und als Mittel zur Bewahrung der eigenen Geschichte und Traditionen.

Das Alphabet als lebendiges Erbe der Identität

Die Analyse des Alphabets als kulturelles und nationales Symbol zeigt, wie eng Schrift und Identität miteinander verbunden sind. Vom 18. bis ins 20. Jahrhundert wurde das Alphabet nicht nur als Werkzeug der Kommunikation genutzt, sondern auch als Instrument der nationalen Selbstbehauptung, der kulturellen Erinnerung und der politischen Kontrolle. Ob im Zuge nationalistischer Bewegungen in Europa, in den Schriftreformen des 20. Jahrhunderts oder in den Kämpfen um die Bewahrung indigener Schriftsysteme – das Alphabet war stets mehr als ein System von Zeichen. Es war ein Spiegel der kulturellen Werte und der Identitätskämpfe, die sich im Laufe der Geschichte abspielten.

In einer globalisierten Welt, in der Schrift und Sprache zunehmend vereinheitlicht werden, bleibt das Alphabet dennoch ein lebendiges Erbe der kulturellen und nationalen Identität. Es erzählt die Geschichten der Völker, die es geschaffen und geformt haben, und bewahrt die Spuren der Kämpfe, die um es geführt wurden.

Standardisierung im 20. Jahrhundert

Von ASCII bis Unicode

Die Entwicklung von ASCII und Unicode als Antwort auf die digitale Standardisierung und die Globalisierung

Die rasante Entwicklung der Computertechnologie im 20. Jahrhundert brachte nicht nur eine neue Art der Informationsverarbeitung und -speicherung mit sich, sondern auch die Notwendigkeit, die grundlegenden Bausteine menschlicher Sprache in den digitalen Raum zu übertragen. Zuvor waren Alphabete über Jahrhunderte hinweg in Druckwerken und handschriftlichen Aufzeichnungen festgehalten worden, ohne dass ihre Repräsentation eine explizite Standardisierung erforderte. Doch die digitalen Systeme verlangten nun nach einem präzisen, universellen und übersetzbaren Alphabet, das in der Lage wäre, alle Schriftzeichen unabhängig von Sprache, Kultur oder Anwendung zu speichern und darzustellen. In diesem Kontext entstanden ASCII und Unicode, zwei der bedeutendsten Versuche, das Alphabet der digitalen Welt anzupassen und die sprachliche Vielfalt in einer globalisierten Gesellschaft zu vereinen.

ASCII – Ein grundlegender Baustein für die digitale Kommunikation

In den 1960er Jahren, als die Rechenkapazitäten der Computer erstmals die Schwelle zur breiteren Nutzung erreichten, wurde die Notwendigkeit eines standardisierten Zeichencodes offensichtlich. Jedes Zeichen, das ein Computer verarbeiten sollte, musste in eine für das System verständliche Form übersetzt werden. Dies war die Geburtsstunde des ASCII-Codes (**A**merican **S**tandard **C**ode for **I**nformation **I**nterchange), der im Jahr 1963 erstmals als universelle Lösung für die Darstellung der westlichen Schriftzeichen entwickelt wurde.

ASCII stellte eine 7-Bit-Kodierung zur Verfügung, die genau 128 Zeichen umfasste – ausreichend für das englische Alphabet, einige Satzzeichen und Steuerzeichen, wie sie für grundlegende Computeroperationen benötigt wurden. Diese Zeichen wurden als Zahlenwerte zwischen 0 und 127 kodiert und boten damit eine einheitliche Grundlage für die digitale Kommunikation in englischsprachigen Ländern. ASCII ermöglichte es, Texte zwischen verschiedenen Systemen und Programmen auszutauschen, und spielte eine wesentliche Rolle in den Anfängen des Internets und der computergestützten Textverarbeitung. Für die globale Schriftkultur stellte ASCII jedoch nur eine begrenzte Lösung dar, da es weder diakritische Zeichen noch nicht-lateinische Schriften erfassen konnte.

Mit der zunehmenden Verbreitung digitaler Systeme und der Ausweitung internationaler Kommunikation wuchs jedoch bald die Erkenntnis, dass ASCII zwar praktisch, aber nicht ausreichend war. Die Kodierung war zu eng auf die englische Sprache zugeschnitten und spiegelte nicht die Sprachvielfalt der Welt wider. Die globalen Anforderungen an ein universelles Schriftsystem wurden lauter, insbesondere als die Kommunikation über Landes- und Kulturgrenzen hinweg zunahm.

Der Aufstieg von Unicode – Eine universelle Lösung für eine globale Welt

In den 1980er Jahren begann ein Konsortium aus Informatikern, Linguisten und Unternehmen mit einer ambitionierten Aufgabe: Sie wollten eine Kodierung entwickeln, die jedes existierende Zeichen jeder Sprache in einem einheitlichen Standard abbilden könnte. Das Ergebnis war der Unicode-Standard, der 1991 erstmals veröffentlicht wurde und seither kontinuierlich weiterentwickelt wird. Unicode verfolgt das Ziel, ›jeden Buchstaben und jedes Zeichen jeder Sprache‹ durch eine einzigartige Nummer repräsentieren zu können – eine universelle digitale Sprache, die keine sprachlichen Grenzen mehr kennt.

Unicode basiert auf einem größeren Bitcode, der zunächst 16 Bit pro Zeichen umfasste und später in ein flexibles Mehr-Byte-System (UTF-8, UTF-16 und UTF-32) erweitert wurde. Dies ermöglichte die Darstellung einer enormen Zeichenvielfalt: Allein UTF-8 kann über eine Million Zeichen abbilden und bleibt dabei mit den ersten 128 Zeichen ASCII-kompatibel. Unicode wurde so zur Grundlage der modernen digitalen Kommunikation, indem es die globalen Schriftsysteme – von den lateinischen und griechischen Zeichen über die kyrillischen und arabischen Schriften bis hin zu chinesischen und japanischen Schriftzeichen – in einem gemeinsamen Format vereinte.

Die Einführung von Unicode hatte weitreichende Folgen für die digitale Welt und die Globalisierung. Sie ermöglichte erstmals die nahtlose Darstellung und Verarbeitung unterschiedlichster Schriften in einem System und legte den Grundstein für die mehrsprachige und kulturell diverse Kommunikation, wie sie im Internet und auf digitalen Plattformen selbstverständlich geworden ist. Unicode wurde zum Motor der internationalen Vernetzung, da es die digitale Barriere zwischen den Kulturen senkte und eine Plattform schuf, auf der Informationen ohne Verlust an sprachlicher Präzision übermittelt werden können.

Unicode und die Vielfalt der Schriftsysteme

Ein besonders bemerkenswerter Aspekt von Unicode ist die Art und Weise, wie es den Respekt für die kulturelle und sprachliche Vielfalt betont. Anders als ASCII, das sich auf die englische Sprache beschränkte, widmet sich Unicode der Aufgabe, auch komplexe Schriftsysteme und seltene Sprachen abzubilden. Unicode umfasst heute Schriften, die in den unterschiedlichsten Kulturen der Welt verwendet werden, von den alten ägyptischen Hieroglyphen über die tibetische und mongolische Schrift bis hin zu verschiedenen indigenen Schriftsystemen, die in anderen Formaten nie Berücksichtigung gefunden hatten.

Durch die Einbeziehung dieser verschiedenen Schriftsysteme entstand jedoch auch eine neue Herausforderung: Unicode musste nicht nur eine flexible und erweiterbare Kodierung bieten, sondern auch sicherstellen, dass die Schriften korrekt dargestellt und leicht zugänglich sind. Dies bedeutete eine enge Zusammenarbeit zwischen Linguisten, Kulturwissenschaftlern und Technologen, um die Vielfalt der Schrifttraditionen zu erfassen und digitale Technologien zu entwickeln, die die korrekte Darstellung aller Schriften ermöglichen.

Unicode erweiterte sich kontinuierlich, um dieser Vielfalt gerecht zu werden. In regelmäßigen Updates werden neue Zeichen, Schriftsysteme und sogar Symbole hinzugefügt, um den modernen Kommunikationsbedürfnissen zu entsprechen. Jedes Update stellt eine Erweiterung der kulturellen Reichweite von Unicode dar und zeigt, wie dynamisch sich die Schriftlandschaft im digitalen Zeitalter entwickelt.

Die soziale und kulturelle Bedeutung von Unicode

Die Einführung von Unicode war nicht nur ein technologischer, sondern auch ein kultureller Wandel. Durch die universelle Kodierung wurde Schrift zu einem globalen Medium und diente der Förderung eines Austauschs, der sprachliche und kulturelle Barrieren überwand. Unicode schuf einen Raum, in dem Sprachen, die in Gefahr waren, in der digitalen Welt unterrepräsentiert zu bleiben, ihren Platz fanden. So diente Unicode auch als Mittel zur kulturellen Bewahrung und als Werkzeug für Sprachgemeinschaften, die auf diese Weise ihre Schriften und kulturellen Identitäten in die digitale Welt überführen konnten.

Unicode führte dazu, dass die digitale Kommunikation universeller, gerechter und inklusiver wurde. Es ermöglichte einer Generation, in der grenzenlosen Welt des Internets miteinander zu kommunizieren und sich auszutauschen, unabhängig von Sprache und Schrift. Diese Kodierung wurde zum unsichtbaren Rückgrat der digitalen Globalisierung und unterstrich die Bedeutung der kulturellen Diversität in einer zunehmend vernetzten Welt.

Die universelle Sprache der Zeichen

Die Reise von ASCII zu Unicode erzählt die Geschichte der fortschreitenden Digitalisierung und der Anstrengungen, die Vielfalt menschlicher Kommunikation in ein standardisiertes Format zu überführen. ASCII legte das Fundament für die digitale Kommunikation und war ein Meilenstein, der die frühen Jahre der Computertechnologie prägte. Doch erst Unicode ermöglichte die universelle Verbreitung von Schriftsystemen und wurde zu einem Symbol für die kulturelle und sprachliche Vielfalt, die in der modernen digitalen Welt ihren Platz gefunden hat.

Unicode ist heute die stille Infrastruktur hinter jeder Textnachricht, jeder E-Mail und jeder Webseite, die wir aufrufen. Es hat die Art und Weise, wie wir uns im digitalen Raum verständigen, revolutioniert und unsere globalisierte Gesellschaft näher zusammengebracht. Unicode zeigt, dass die Schrift nicht nur ein technologisches Werkzeug ist, sondern ein tiefes Symbol für die Identität und Vielfalt der Menschheit – eine universelle Sprache der Zeichen, die uns verbindet und in der Welt der Computer eine Brücke zwischen Kulturen und Generationen schlägt.

Die digitale Revolution

Emojis und neue Schriftzeichen

Wie digitale Medien und Emojis das Verständnis von Schrift erweitern und verändern

Im Zeitalter digitaler Kommunikation hat sich die Art und Weise, wie wir schreiben und uns ausdrücken, drastisch verändert. Diese Transformation betrifft nicht nur die technische Übermittlung von Schrift, sondern erweitert die Schriftkultur selbst auf eine Weise, die noch vor wenigen Jahrzehnten unvorstellbar war. Die digitale Revolution führte neue Codes und Symbole in unsere Alltagskommunikation ein, und darunter sticht eine Entwicklung besonders hervor: die Entstehung und Verbreitung von Emojis. Diese visuellen Zeichen sind zu einer universellen Sprache des digitalen Zeitalters geworden. Sie beeinflussen nicht nur, wie wir Nachrichten verfassen, sondern auch, wie wir Bedeutung, Emotion und Nuancen kommunizieren. Mit ihrer Einführung dehnte sich das Verständnis von Schrift weit über das traditionelle Alphabet hinaus – es entstand eine hybride Form, die Symbole und Bildzeichen in den Textfluss integriert und das Alphabet in eine neue Richtung lenkt.

Die Ursprünge der Emojis – Von einfachen Zeichen zu kulturellen Symbolen

Die ersten Emojis entstanden in den späten 1990er Jahren in Japan und wurden von dem Entwickler Shigetaka Kurita entworfen. Damals waren es einfache, pixelbasierte Symbole, die lediglich grundlegende Emotionen und Alltagsobjekte darstellten und für das damals neuartige, mobile Internet in Japan entwickelt wurden. Das Wort ›Emoji‹ selbst setzt sich aus den japanischen Wörtern ›e‹ (Bild) und ›moji‹ (Zeichen) zusammen und bedeutet somit ›Bildzeichen‹. Ursprünglich gedacht, um das Texten auf winzigen Bildschirmen effizienter zu gestalten, fanden die Emojis jedoch rasch Anklang und entwickelten sich zu einer populären Ergänzung zur geschriebenen Sprache.

Mit der rasanten Ausbreitung von Smartphones und sozialen Medien begannen Emojis, die digitale Kommunikation weltweit zu revolutionieren. Es wurde deutlich, dass die kleinen Bildzeichen weit mehr leisten konnten, als Texte bloß zu ergänzen – sie schufen einen neuen, international verständlichen ›Code‹, der Sprache und Kulturgrenzen zu überwinden vermochte. Schon bald wurden die simplen Symbole zu kulturellen Ikonen, die nicht nur Emotionen, sondern auch tiefere Botschaften und Kontexte vermitteln konnten. Die Vielfalt der Emojis wuchs schnell, um menschliche Ausdrücke, tägliche Aktivitäten, Naturphänomene und kulturelle Symbole darzustellen und eine authentische Kommunikation zu ermöglichen, die der Vielschichtigkeit menschlicher Interaktionen gerecht wird.

Emojis als Erweiterung des Sprachverständnisses

Emojis haben den Textfluss mit einer visuellen Dimension erweitert, die eine ganz eigene Ausdruckskraft besitzt. Wo das Alphabet in seiner linear angeordneten Form oft für exakte und klare Botschaften gedacht ist, erlauben Emojis eine zusätzliche Ebene der Interpretation und des Mitgefühls. Ein einfaches ›Okay‹ kann, je nach hinzugefügtem Emoji, Zustimmung, Ironie oder Frustration signalisieren. Dies schafft nicht nur Raum für Nuancen und Zwischentöne, sondern bietet auch eine Möglichkeit, die emotionale Komplexität von Sprache in einer kompakten und intuitiven Weise darzustellen.

Die Emoji-Kommunikation bedient sich damit einer Mischung aus universellem Ausdruck und kulturell geprägten Symbolen. Während einige Emojis global verständlich sind – wie etwa das lachende oder weinende Gesicht –, gibt es viele Symbole, deren Bedeutung stark von kulturellen Kontexten abhängt. So führt die Darstellung eines einfachen ›Daumenhoch‹-Zeichens in manchen Ländern zu einem Missverständnis, da es je nach Region eine abweichende oder sogar beleidigende Bedeutung annehmen kann. Die visuelle Ebene von Emojis macht sie einerseits flexibel und ausdrucksstark, andererseits zeigt sie auch die Grenzen universeller Verständlichkeit und unterstreicht die Bedeutung kultureller Kenntnisse.

Emojis und das Alphabet – Eine neue Form der Kommunikation?

Die Ergänzung des Alphabets durch Emojis kann als evolutionärer Schritt in der Schriftentwicklung verstanden werden. Tatsächlich handelt es sich um eine Art Rückbesinnung auf eine frühere Tradition der Menschheit, in der Bildzeichen als Ausdrucksmittel dienten, wie es etwa in den Hieroglyphen des alten Ägyptens der Fall war. Wo jedoch das traditionelle Alphabet einen bestimmten Satz an Buchstaben vorgibt, sind Emojis im ständigen Wandel und werden regelmäßig erweitert, um aktuelle Phänomene, technische Errungenschaften und neue gesellschaftliche Kontexte abzubilden. Der Unicode-Standard für Emojis wird kontinuierlich angepasst und ist ein dynamisches System, das sich stets den Anforderungen einer sich wandelnden Welt anpasst.

Emojis und Alphabetschrift werden häufig parallel verwendet und erlauben damit eine hybride Form der Kommunikation, die rein auf Sprache beschränkte Konventionen aufbricht. Emojis betten sich in den Textfluss ein und verändern die Aussage des Geschriebenen oft erheblich. Diese hybride Form der Kommunikation macht es möglich, schnell und prägnant Gefühle zu vermitteln und spontane Gedanken bildhaft auszudrücken. Wo früher viel Kontext benötigt wurde, reicht heute ein einzelnes Symbol, um eine Emotion oder Reaktion zu übermitteln – oft in einer Form, die als direkte Verlängerung oder Ergänzung zum Wort gilt. Die Effizienz, mit der Emojis Stimmungen transportieren, stellt eine Innovation dar, die die

Kommunikationsmöglichkeiten des Alphabets erweitert und ihm neue Ausdrucksmöglichkeiten hinzufügt.

Die kulturelle und gesellschaftliche Bedeutung von Emojis

Emojis sind nicht nur eine Kommunikationshilfe, sondern tragen auch eine tiefere gesellschaftliche und kulturelle Bedeutung. Die Auswahl der angebotenen Emojis spiegelt stets ein Abbild der modernen Gesellschaft wider, in der Themen wie Diversität, Gleichberechtigung und kulturelle Repräsentation an Bedeutung gewonnen haben. Die Einführung verschiedener Hauttöne, Geschlechteridentitäten und Berufsrollen im Emoji-Katalog zeigt, wie Emojis die Vielfalt der modernen Welt repräsentieren und zur kulturellen Inklusion beitragen. Ebenso wurden Symbole eingeführt, die auf aktuelle Themen wie Umwelt, Klimawandel und Frieden hinweisen. Emojis sind damit auch eine Plattform, auf der gesellschaftliche Werte und Themen sichtbar werden.

Diese Anpassungen verdeutlichen, dass Emojis längst mehr sind als bloße Bildzeichen – sie sind Ausdruck gesellschaftlicher Entwicklungen und ein Instrument, das die Veränderungen und Werte unserer Zeit widerspiegelt. Indem Emojis sich ständig an die sozialen Anforderungen anpassen, spiegeln sie auch eine Form von demokratischem Ausdruck wider, die auf den Bedürfnissen der Nutzer basiert. Das Unicode-Konsortium, das über die Einführung neuer Emojis entscheidet, erhält regelmäßig Vorschläge aus der weltweiten Community, was zeigt, dass Emojis ein Kommunikationsmittel sind, das im Dialog mit der Gesellschaft steht.

Die Zukunft der digitalen Bildsprache und die Rolle der Emojis

Emojis markieren nur den Anfang der digitalen Bildsprache, die sich voraussichtlich weiterentwickeln wird. Künftig könnte die Emoji-Kommunikation komplexere Formen annehmen, in denen Symbole und Text noch enger verschmelzen und in die Gestaltung zukünftiger digitaler Schriftzeichen integriert werden. Die fortschreitende Entwicklung künstlicher Intelligenz und erweiterten Realitäten (AR) deutet darauf hin, dass sich die Art und Weise, wie wir visuelle und textliche Informationen kombinieren, weiter verändern wird. Es ist denkbar, dass eine ›Bildsprache‹ entsteht, in der Emojis und andere Symbole nicht nur den Text ergänzen, sondern eine eigene, vollständig integrierte Sprache formen.

Der Wert der Emojis liegt in ihrer Offenheit und Flexibilität: Sie erlauben eine Ausdrucksform, die ebenso schlicht wie universell und zugleich tief und mehrdeutig sein kann. Diese Sprache wird zunehmend intuitiv und selbstverständlich – eine Kommunikationsweise, die Emotion und Information auf völlig neue Weise miteinander verknüpft. Es ist gut möglich, dass in einer immer stärker visuell geprägten digitalen Welt die Bildsprache mit dem Alphabet koexistieren und die Rolle der klassischen Schriftsysteme erweitern wird. Die digitalen Medien haben so eine Brücke geschlagen, die visuelle Symbole und Sprache in eine Form der Schrift integriert, die nicht nur funktional, sondern auch emotional ausdrucksstark ist.

Emojis als universelle Sprache des digitalen Zeitalters

Emojis haben das Verständnis von Schrift und Kommunikation revolutioniert, indem sie die strikten Grenzen des Alphabets aufgelöst und eine bildhafte Erweiterung geschaffen haben, die Emotionen und Intuition auf einzigartige Weise anspricht. Die Einführung der Emojis in die digitale Kommunikation ist mehr als nur eine technische Entwicklung – sie ist ein kultureller Schritt in Richtung einer universellen Bildsprache, die den menschlichen Ausdruck neu definiert und erweitert. In einer Welt, in der geografische und kulturelle Grenzen durch die digitale Kommunikation zunehmend verschwimmen, bieten Emojis ein Werkzeug, das den globalen Austausch ermöglicht und die Vielfalt unserer Gefühle und Ideen auf einer universellen Ebene abbildet. Sie stehen als Symbol für eine neue Ära der Schrift, in der das Alphabet durch ein visuelles Vokabular ergänzt wird, das Worte allein nicht auszudrücken vermögen.

Die Zukunft des Alphabets

Trends und Innovationen

Überblick über mögliche Zukunftsszenarien für die Entwicklung und Nutzung von Alphabetschriften

In einer Welt, in der Technologie und Gesellschaft mit atemberaubender Geschwindigkeit voranschreiten, steht auch das Alphabet vor neuen Möglichkeiten und Herausforderungen. Noch vor wenigen Jahrzehnten hätte sich kaum jemand vorstellen können, dass das Alphabet eines Tages nicht mehr nur aus den klassischen Buchstaben besteht, die seit Jahrhunderten in unseren Schriftsystemen fest verankert sind. Heute, im Zeitalter von Künstlicher Intelligenz, digitalen Medien und globaler Vernetzung, zeichnet sich jedoch eine Zukunft ab, in der Alphabetschriften ihre bisherige Form und Funktion erweitern könnten, um den Anforderungen einer digitalen, kulturell diversifizierten und zunehmend technologisierten Gesellschaft gerecht zu werden.

Digitale Transformation und das Alphabet im Wandel

Die Digitalisierung hat die Rolle von Schrift bereits grundlegend verändert. In elektronischer Form lässt sich das Alphabet spielend leicht manipulieren, formen und erweitern, wie es zuvor nie möglich war. Die Entstehung digitaler Schriftzeichen und Symbole sowie der Einfluss neuer Kommunikationsformen wie Emojis, Abkürzungen und Codes deuten darauf hin, dass das Alphabet sich in Richtung eines flexibleren, dynamischeren Systems entwickeln könnte. Diese Entwicklung zeichnet sich nicht nur in der Nutzung, sondern auch in der Art ab, wie Schrift erzeugt und verarbeitet wird.

Mit der Integration digitaler Schrift in die Kommunikation via Smartphones, Tablets und anderen Geräten sind traditionelle Schriftsysteme auf neue Weise präsent, und durch Technologien wie Spracherkennung und maschinelles Lernen ist ein neues Verständnis von Schrift im digitalen Raum möglich geworden. In naher Zukunft könnten Algorithmen in der Lage sein, individuelle Schreibstile und Sprachgewohnheiten zu interpretieren und personalisierte Schriftsysteme zu generieren, die auf den Ausdrucksbedürfnissen des Einzelnen beruhen. Diese Entwicklungen könnten eine Art ›adaptive Schrift‹ ermöglichen, die sich den Bedürfnissen des Schreibenden und der Lesenden anpasst und durch Anpassung an soziale und kulturelle Kontexten die traditionellen Schriftgrenzen erweitert.

Künstliche Intelligenz und die Evolution des Alphabets

Die rasante Entwicklung **K**ünstlicher **I**ntelligenz (KI) eröffnet faszinierende neue Perspektiven für die Zukunft des Alphabets. KI-Systeme wie neuronale Netzwerke und Sprachmodelle lernen derzeit bereits, menschliche Sprache zu verstehen und zu generieren, und es ist denkbar, dass KI eines Tages auch eigenständig Schriftzeichen entwerfen könnte. Solche Schriftzeichen könnten von Algorithmen entworfen und automatisch generiert werden, um spezifische Konzepte oder Gefühle auszudrücken, die im klassischen Alphabet nur schwer darstellbar wären.

Diese Technologie könnte es beispielsweise ermöglichen, für die Darstellung bestimmter Gefühle oder kultureller Konzepte maßgeschneiderte Zeichen oder Buchstaben zu entwerfen, die auf das kulturelle Verständnis einer Zielgruppe abgestimmt sind. Gleichzeitig birgt diese Technologie das Potenzial, dass das Alphabet selbst sich zu einem globalen System entwickelt, das Sprachbarrieren abbaut und Übersetzungen in Echtzeit überflüssig macht. Durch eine enge Verzahnung zwischen maschinellem Lernen und individueller Nutzung könnte ein dynamisches, auf KI basierendes Schriftsystem entstehen, das die Alphabettradition weiterführt und erweitert, indem es Sprachgrenzen durch maschinelle Sprachsynthese und automatische Übersetzung praktisch aufhebt.

Anpassung an die Globalisierung und kulturelle Vielfalt

Mit der fortschreitenden Globalisierung und der damit verbundenen Vermischung von Kulturen und Sprachen könnte das Alphabet der Zukunft eine deutlich vielfältigere Form annehmen. Während heute ein Großteil der Welt nach dem lateinischen Alphabet schreibt, wächst das Bewusstsein für kulturelle Vielfalt und die Notwendigkeit, auch Schriften und Alphabete anderer Sprachfamilien zu integrieren und zu bewahren. Es ist gut vorstellbar, dass zukünftige Alphabetsysteme Elemente verschiedener Kulturen vereinen und damit den Reichtum menschlicher Ausdrucksformen widerspiegeln.

In einer vernetzten Welt, in der Kommunikation zwischen verschiedenen Kulturkreisen alltäglich geworden ist, könnte ein interkulturelles Alphabet entstehen, das nicht nur die Vielfalt der Sprachen, sondern auch ihrer kulturellen Eigenarten berücksichtigt. Schon heute gibt es Bestrebungen, regionale Schriftzeichen und Alphabetschriften zu digitalisieren und zu bewahren, etwa durch Unicode, das ein globales Schriftsystem für alle Sprachen der Welt schafft. Zukünftige Trends könnten darauf hinauslaufen, dass Schriftsysteme geschaffen werden, die flexibel genug sind, um kulturelle Nuancen und sprachliche Feinheiten zu erfassen, ohne dabei die Eigenheiten der ursprünglichen Sprachen zu verlieren. Diese globalisierte Schrift könnte ein Symbol für die menschliche Vielfalt darstellen und gleichzeitig als Werkzeug für gegenseitiges Verständnis und kulturelle Anerkennung fungieren.

Erweiterung durch neue Zeichen und hybride Schriftsysteme
Ein weiterer potenzieller Entwicklungspfad ist die Erweiterung des Alphabets durch hybride Schriftsysteme, die klassische Schriftzeichen mit Symbolen, Bildern oder sogar Audio- und Videoelementen kombinieren. Solche hybriden Systeme könnten sich in digitalen Kontexten etablieren, in denen Text und visuelle Inhalte zunehmend miteinander verschmelzen. Beispiele für diese Entwicklung finden sich bereits in der Nutzung von Emojis, die in die Schriftsprache integriert wurden und nun weltweit akzeptiert sind. In Zukunft könnte es möglich sein, noch komplexere Symbole zu schaffen, die nicht nur einzelne Buchstaben oder Wörter ersetzen, sondern ganze Konzepte vermitteln.

Eine solche Entwicklung könnte dazu führen, dass das Alphabet um sogenannte Metazeichen ergänzt wird, die auf einen Blick nicht nur den sprachlichen Inhalt, sondern auch die emotionale oder kulturelle Bedeutung einer Botschaft transportieren. Hier wäre eine Form von Schrift denkbar, die in der Lage ist, zwischenmenschliche Nuancen und komplexe Bedeutungen auf einer einzigen Ebene auszudrücken. Dies würde eine neue Ära der schriftlichen Kommunikation einleiten, in der die Grenzen zwischen Wort, Bild und Ton verschwimmen und eine multifunktionale Schrift entsteht, die in der Lage ist, vielfältige Ausdrucksformen gleichzeitig zu vereinen.

Zukunftsszenario:

Ein dynamisches Alphabet

Eine der spannendsten Visionen für die Zukunft des Alphabets ist die Vorstellung eines dynamischen Schriftsystems, das sich in Echtzeit an die Kontexte, Bedürfnisse und Stimmungen der Nutzer anpassen kann. Eine solche Dynamik könnte erreicht werden, indem Schriftsysteme auf KI-Algorithmen basieren, die in der Lage sind, den situativen Kontext einer Nachricht zu erkennen und die Schrift entsprechend anzupassen. In einem solchen System könnte der Text etwa je nach Stimmungszustand des Absenders automatisch mit bestimmten Zeichen oder Stilmerkmalen versehen werden, die die emotionale Intention hinter der Botschaft deutlich machen.

Ein dynamisches Alphabet könnte auch die Lesbarkeit und Zugänglichkeit verbessern, indem es sich an individuelle Anforderungen anpasst. So könnten etwa Menschen mit eingeschränktem Sehvermögen automatisch größere oder kontrastreichere Buchstaben erhalten, während für andere Nutzer ein komprimierteres Schriftsystem zur Verfügung stünde. Diese Flexibilität würde das Alphabet zu einem Werkzeug machen, das sich den Anforderungen des Lesers anpasst, anstatt von diesem Anpassung zu verlangen. Es wäre ein Alphabet, das nicht nur geschrieben und gelesen wird, sondern aktiv auf die Bedürfnisse des Lesers und des Schreibenden reagiert.

Fazit:

Das Alphabet der Zukunft als Ausdruck menschlicher Innovation und Anpassungsfähigkeit

Das Alphabet, das einst als einfache Abfolge von Zeichen zur Kommunikation diente, steht vor einer Zukunft voller Möglichkeiten und Herausforderungen. Die digitalen Innovationen und technologischen Entwicklungen bieten Raum für Veränderungen, die das Alphabet zu einem dynamischen und multifunktionalen System machen könnten, das den Ansprüchen der globalisierten und digitalisierten Welt gerecht wird. Ob als interkulturelles Schriftsystem, das die Vielfalt menschlicher Kulturen widerspiegelt, als KI-gestütztes Werkzeug, das Bedeutung und Emotion in neuartiger Weise transportiert, oder als dynamische Schrift, die sich den individuellen Bedürfnissen anpasst – das Alphabet der Zukunft wird mehr sein als eine festgelegte

Sammlung von Buchstaben. Es wird ein flexibles, anpassungsfähiges und lebendiges System darstellen, das im Einklang mit
den Veränderungen der Gesellschaft, der Technologie und der
menschlichen Bedürfnisse steht.

So blickt das Alphabet in eine Zukunft, die von Wandel und
Innovation geprägt ist, und bewahrt dennoch seine ursprüngliche Funktion als Mittler menschlicher Ideen und Emotionen.
Die künftige Entwicklung des Alphabets wird vielleicht weniger
davon geprägt sein, was es ist, sondern vielmehr davon, wie es
den Menschen in ihren Bedürfnissen unterstützt und eine Brücke zwischen Kulturen, Technologien und Emotionen schlägt.
Das Alphabet der Zukunft wird sich anpassen, neu erfinden
und sich stetig weiterentwickeln – und damit den menschlichen
Ausdruck in einer noch nie dagewesenen Tiefe und Vielseitig-
keit ermöglichen.

Über den Autor

Lutz Spilker wurde im Jahre 1955 in Duisburg geboren.

Bevor er zum Schreiben von Romanen und Dokumentationen fand, verließen bisher unzählige Kurzgeschichten, Kolumnen und Versdichtungen seine Feder.

In seinen Büchern befasst er sich vorrangig mit dem menschlichen Bewusstsein und der damit verbundenen Wahrnehmung. Seine Grenzen sind nicht die, welche mit der Endlichkeit des Denkens, des Handelns und des Lebens begrenzt werden, sondern jene, die der empirischen Denkform noch nicht unterliegen.

Es sind die Möglichkeiten des Machbaren, die Dinge, welche sich allein in der Vorstellung eines jeden Menschen darstellen und aufgrund der Flüchtigkeit des Geistes unbewiesen bleiben. Die Erkenntnis besitzt ihre Gültigkeit lediglich bis zur Erlangung einer neuen und die passiert zu jeder weiteren Sekunde.

Die Welt von Lutz Spilker beginnt dort, wo zu Beginn allen Seins nichts Fassbares war, als leerer Raum. Kein Vorne, kein Hinten, kein Oben und kein Unten. Kein Glaube, kein Wissen, keine Moral, keine Gesetze und keine Grenzen. Nichts.

In Lutz Spilkers Romanen passieren heimtückische Morde ebenso wie die Zauber eines Märchens. Seine Bücher sind oftmals Thriller, Krimi, Abenteuer, Science Fiction, Fantasy und selbst Love-Story in einem.

»Ich liebe die Sprache: Sie vermag zu streicheln, zu liebkosen und zu Tränen zu rühren. Doch sie kann ebenso stachelig sein, wie der Dorn einer Rose und mit nur einem Hieb zerschmettern.«

In dieser Reihe sind bisher erschienen

Die Erfindung der Langeweile
Die Erfindung des Menschen
Die Erfindung des Geldes
Die Erfindung des Teufels
Die Erfindung des Erfolgs
Die Erfindung der Sterblichkeit
Die Erfindung der Lüge
Die Erfindung der Freiheit
Die Erfindung des Todes
Die Erfindung der Welt
Die Erfindung des Inselmenschen
Die Erfindung der Zeit
Die Erfindung der Seele
Die Erfindung der Politik
Die Erfindung des Gewissens
Die Erfindung der Religion
Die Erfindung der Schuld
Die Erfindung der Gerechtigkeit
Die Erfindung des Friedens
Die Erfindung des Selbstgesprächs
Die Erfindung der Zukunft
Die Erfindung der Pornographie
Die Erfindung der Verschwendung
Die Erfindung des Erwachsenseins
Die Erfindung der Hölle
Die Erfindung der Überbevölkerung
Die Erfindung des Himmels
Die Erfindung der Monarchie
Die Erfindung der Unterhaltung
Die Erfindung der Sprache

Die Erfindung der Musik
Die Erfindung der Wiedergeburt
Die Erfindung des Zufalls
Die Erfindung der Namen
Die Erfindung des Bewusstseins
Die Erfindung des freien Willens
Die Erfindung des Wahrsagens
Die Erfindung der Körpersprache
Die Erfindung des Schlafs
Die Erfindung der Sklaverei
Die Erfindung der Angst
Die Erfindung der Vernunft
Die Erfindung des Vollmonds
Die Erfindung des Vitamin B
Die Erfindung des Make-Up
Die Erfindung des Weihnachtsfestes
Die Erfindung des Ku-Klux-Klan
Die Erfindung des Träumens
Die Erfindung der Flaschenpost
Die Erfindung der Mafia
Die Erfindung der politischen Parteien
Die Erfindung der Freimaurer
Die Erfindung der Freibeuter
Die Erfindung der Raumfahrt
Die Erfindung der Tempelritter
Die Erfindung des ADHS-Syndroms
Die Erfindung der Homöopathie
Die Erfindung der Freizeitparks
Die Erfindung des Werwolfs
Die Erfindung des Astralkörpers
Die Erfindung des Zölibats
Die Erfindung des Herkules
Die Erfindung des Vampirs
Die Erfindung der Philosophie

Die Erfindung des Bieres
Die Erfindung der Geister
Die Erfindung des Ungeheuers von Loch Ness
Die Erfindung der Prä-Astronautik
Die Erfindung des Voodoo
Die Erfindung des Stierkampfs
Die Erfindung des Sinns des Lebens
Die Erfindung des Einhorns
Die Erfindung von Atlantis
Die Erfindung des Gähnens
Die Erfindung der Bundeslade
Die Erfindung der Ehe
Die Erfindung der 10 Gebote
Die Erfindung des Robin Hood
Die Erfindung des Autoritätsgehorsams
Die Erfindung der Popkultur
Die Erfindung des Urknalls
Die Erfindung des Rauchens
Die Erfindung des Alphabets

Zeitfracht Medien GmbH
Ferdinand-Jühlke-Straße 7
99095 Erfurt, Deutschland
produktsicherheit@kolibri360.de